El Camino Hacia Mi Libertad

Mirando Mi Pasado Con Amor

I0225143

INÉS GONZÁLEZ PALMA

Copyright 2020 by Inés González Palma

Todos los derechos reservados

Ninguna parte de este libro podrá ser reproducida, transmitida o distribuida de ninguna forma y por ningún motivo, incluyendo fotocopiado, audiograbado u otros métodos electrónicos o mecánicos, sin la autorización previa del autor; excepto para el uso de pequeñas reseñas y ciertos otros usos no comerciales permitidos por la ley Copyright Act of 1976.

Título: El Camino Hacia Mi Libertad

Sub-título: Mirando Mi Pasado Con Amor

ISBN # 978-17362871-18

Para cualquier solicitud, escribe a

Ines.gonzalez.palma@hotmail.com

https://www.facebook.com/ines.gonzalez.palma

Primera Edición

Impreso en USA

Agradecimientos

A mis hijos y nietos por haberme escogido como madre y abuela. Al papá de mis hijos, por haber sido mi Maestro. Al Ser que llegó para regresarme a la vida y que creyó en mí cuando nadie creía ....

A mis amigos y a mis clientes, porque sin ellos no sería la persona que soy

A mi Ser Superior, porque hoy sé que existe el perdón y que en esta vida maravillosa sólo existimos para hacernos responsables de nuestros actos sabiendo que las experiencias vividas yo las permití para llegar a ser el Ser Que Soy: Inés, una mujer fuerte, inteligente, hija de Dios...

Reconocimientos

Reconozco a la Vida por todo el Amor que me ha mandado con los Ángeles que ha puesto en mi camino

A mi amor verdadero que me llevó a buscar más allá de mí misma

A mi banda de amigos que siempre están para apoyarme

A mi Dios Interno que me protege siempre y me brinda su luz en mis momentos oscuros

A mi Ser Infinito que me ha llenado de luz propia para ser un instrumento en Sus manos...

Table Of Contents

I

Presentación

Los seres humanos olvidamos con frecuencia que somos cofres llenos de tesoros y sorpresas; lo único que necesitamos para comprobarlo es tener la valentía de mirar en nuestro interior; allí podremos descubrir todas nuestras maravillas.

Al igual que tú, yo he avanzado por mi camino tratando de hacer lo mejor con lo que tenía entre mis manos; sin embargo, no siempre obtuve lo que soñaba. Con el tiempo comprendí que si deseaba alcanzar resultados diferentes, debía cambiar mis hábitos y mis puntos de vista en relación a muchos aspectos de mi vida.

Todos aprendemos a ver el mundo a través de los ojos de nuestros mayores, esas personas que nos reciben al nacer y que guían nuestros primeros pasos, transmitiéndonos sus experiencias y su forma de pensar. Más tarde, en nuestro propio caminar por la vida comenzamos a descubrir que hay otras verdades, otras formas de interpretar y de apreciar lo que pasa a nuestro alrededor.

Hoy pongo en tus manos la historia de mi vida; aquí te muestro mis recuerdos, mis sueños, mis miedos, mis fobias, los eventos traumáticos y mis culpas, pero también las reflexiones que me han permitido seguir avanzando por el mundo de una manera más conveniente, con mejores herramientas para pensar y actuar.

Durante muchos años sufrí, y odié mi sufrimiento; estaba encerrada en un círculo vicioso que solamente me generaba más tristeza, más odio… más dolor…

Hoy sé que las dificultades forman parte de la vida, y estoy convencida de que la razón del sufrimiento es convertirse en experiencias que podamos compartir; gracias a todo lo que he sufrido es que ahora puedo obsequiarte un regalo muy especial: *tiempo.*

Sí…! Leíste bien: *tiempo.* Te estoy regalando todo el tiempo que quisiera retroceder y ya no puedo, con la esperanza de que mis vivencias te ayuden a recuperarlo y emplearlo para ti y para tu vida.

Hay una sola forma de enseñar a vivir, y es *viviendo*; mi único deseo al compartirte mis experiencias es acortar el camino hacia tu felicidad. Tal vez tu realización requiera de cosas muy distintas a lo que ha sido la mía, pero al final todo se trata de aprender a escuchar nuestra voz interior y atrevernos a seguirla, aun cuando no sea lo que nuestra razón esperaba oír.

Tuve que atravesar muchas tormentas para recuperar mi alegría de vivir; hoy quiero que sepas que no importa en qué profundidades te encuentres, ni qué tan sucia o embarrada estés: siempre podrás salir de cualquier oscuridad, si logras recordar quién eres, de dónde vienes y hacia dónde quieres ir.

El conocimiento que hoy te comparto es el producto de mis experiencias, de los ensayos y errores que han marcado mis 50 años de existencia en este plano terrenal; es probable que te preguntes qué me ha motivado a contarte mi historia... Para responderte, voy a contarte una anécdota:

Hace algún tiempo visité junto a un amigo el Great Salt Lake; al llegar al lago bajamos del carro y emprendimos

3

nuestra caminata, como acostumbrábamos siempre. De pronto, encontramos un sillón en la arena (el Great Salt Lake es como una playa…)

Entre risas y bromas tratamos de imaginar para qué trajeron ese sillón al lago… ¡Supusimos de todo!

Nos alejamos rumbo al lago; al llegar a la orilla caminamos un rato más, mirando el atardecer. Los mosquitos nos empezaron a picar, señal de que estaba a punto de oscurecer; ya de regreso, nos volvimos a topar con el sillón, que apenas se distinguía en la penumbra…

Meses más tarde regresé al Great Salt Lake, como solía hacer cuando me sentía con ganas de estar conmigo misma; caminé sobre la arena rumbo al lago, mientras los rayos del sol iluminaban aquella tarde perfecta de colores deslumbrantes. Mis ojos distinguieron algo a lo lejos; mi mente pensó:

- ¿Es el sillón que estaba en la arena la vez pasada? No… no puede ser!

Comencé a avanzar en esa dirección; quería ver si en efecto, se trataba del mismo sillón que había visto meses atrás, y mientras me acercaba comencé a acelerar el paso; no sabía por qué, pero quería llegar y comprobar que era aquel sillón; algo dentro de mí se agitaba al acercarme...

Por fin, pude distinguirlo con claridad... No cabía duda: era el mismo sillón, pero ahora estaba diferente: se veía sucio, roto, destruido, hundido...

De nuevo pensé:

- ¿Cómo llegó este sillón hasta aquí? ¿Quién lo habría traído? ¿Qué o quién lo arrastró? ¿Por qué lo abandonaron? ¿Cuál habría sido el propósito de traerlo hasta allí...?

Algo dentro de mí me decía:

- ¿Por qué siempre buscas un "por qué"? ¿Por qué simplemente no sigues tu camino?

Entonces, en lo más profundo de mi alma, mi voz interna me habló:

-*Inesita... Si tú fueras ese sillón, y te preguntaras como llegaste aquí, ¿qué te dirías?*

- Yo sola no llegué hasta aquí - respondí- A mí me trajeron... Alguien me arrastró hasta aquí... Yo no me pude haber metido sola en estas aguas... Yo no pude llegar hasta aquí sola...!

La puerta se había abierto y mi ego había entrado en acción... Otra vez estás hablando como víctima, pero mi *yo* interno continuó:

-*Tú estabas aquí, en este mismo lodo, en esta misma suciedad interna, llena de culpas, llena de tristezas, rota, humillada, pisoteada, pero... ¿Quién lo permitió? Si, si, si Inesita... ¿Quién lo permitió? Porque tú no eres un sillón...*

El silencio invadió mi ser, y pude escuchar con más claridad:

- *... fuiste tú quien se dejó arrastrar hasta aquí; fuiste tú quien tomó la decisión de ser sumisa; fuiste tú la que eligió la vida que quiso vivir. Nadie te trajo hasta aquí, porque tú no eres un sillón; tú tomaste las decisiones equivocadas, tú te llenaste de odio y venganza para darle una justificación a tu vida, a la manera en la que viviste, para decir que Inesita tenía todo para ser feliz: una familia hermosa, un marido bueno, y aun así era una persona triste, sufrida... ¿Por qué tener que sufrir?*

En ese momento entendí que aquel sillón era la imagen perfecta de mi vida: pude verme reflejada en este triste escenario, como si durante años hubiese estado metida en ese lago.

Comencé a reflexionar: ¿Cuántas veces estuve en el límite? ¿Cómo fui a dar ahí? ¿En qué momento me empecé a hundir? ¿Hasta dónde yo había permitido que las circunstancias, las personas o las situaciones me arrastraran? ¿Cómo dejé que las cosas me llevaran hasta el fondo de ese lugar lodoso, sucio y feo?

En algún momento de mi vida había tenido que aparentar tenerlo todo y estar feliz, pero en realidad la felicidad es hacer lo que quieres y disfrutar de lo que amas... Yo había hecho las cosas para ir directo al fondo de ese lago, y eso fue lo primero que tuve que reconocer para poder salir de allí.

Sonreí y caminé hacia el sillón; me acerqué más, me tomé una foto junto a él...

Si bien me había comparado con él, también era cierto que por la gracia de Mi Ser Superior yo no era un sillón, sino un Ser Humano, con defectos, con errores, llena de cicatrices, emocionalmente rota, pero capaz de rescatarme y restaurarme a mí misma.

Pude reconocer que ahora, en mi presente, estoy *siendo* y *sintiendo* la felicidad. Respiré, sonreí, me tomé más fotos junto a mi sillón, porque aunque no era de mi propiedad, su imagen sí lo era: Inesita no era un sillón! Era un ser humano como todos: libre, con errores, pero sin culpas, y ahora más consciente, tomando la responsabilidad de sí misma.

Volví a sonreír, pues me vi desde otra perspectiva; en ocasiones me sentí llena de desamor, incompleta, rota, sucia, pero había aprendido a perdonarme, a valorarme, a amarme así, imperfecta... Y nunca me había sentido más viva que ahora!

Amarse no es fácil; nunca lo ha sido! Pero es la misión más importante que tenemos cuando venimos a este mundo, porque sólo quien se ama a sí mismo es capaz de irradiar amor.

Hoy te invito a descubrirte, a amarte, a respetarte y a mostrarle al mundo la luz de tu corazón.

Con todo mi cariño,

Inés

1

Juegos que
no son juegos

Soy la número diez de once hermanos: Antonio, Guillermina (Guille), Gerardo y Rocío, son hijos del primer esposo de mi madre. Después, ella se casó con mi padre, y nacimos los demás: José Luis, Hilda Patricia (Pati), Eduardo Javier, Ángel Tomás, yo, y por último Gerónimo Alfredo, mi hermano más chico.

También tengo una hermana: Alejandra, ahijada de mi mamá; ella nació unos pocos meses antes o después que yo, así que crecimos como si fuéramos gemelas.

Parte de mi vida la viví en Santa Isabel de Cholula, en el Estado de Puebla. Papá era un hombre de ciudad que se dedicó a la herrería, y mamá era hija de ejidatarios que poseían terrenos; vivimos algún tiempo en la ciudad de Puebla, pero después nos fuimos al pueblo de mamá por unos problemas de tierras que tenía con mis tíos. La recuerdo trabajando siempre en el campo; era una mujer de un carácter muy fuerte, y con muchos errores, como todos los humanos. Así como nos dio cariño, también hubo maltratos.

Recuerdo una ocasión en que ella estaba tomando fotos para mí: yo estoy recargada a su brazo, y en mi mente quería sentir su abrazo, pero no pasó. Ese evento me marcó en mi recuerdo; hoy me doy cuenta que ese único rechazo dejó un vacío en mí que nunca se llenó con nada. La falta de amor por su ausencia me dejó un vacío que para mí ha sido eterno; tengo una hermana que cuando se refiere a ella me dice:

-*Tu* mamá...

Pero yo le recuerdo que también es la suya.

Hay cosas que pasan en la niñez, pero te calan, te chingan emocionalmente, y por más que pasen los años, todavía duelen.

A veces quiero recordar, pero se me nubla la mente; tal vez sea porque recordar hace más daño que olvidar; hay cosas que es mejor dejar en el pasado, pero cómo cuesta!

El ser humano es tan complejo...! Se empeña en recordar lo que debe olvidar, y busca soluciones cuando ya no las hay. A veces simplemente las cosas suceden y ya; no hay que buscarles explicación, porque no la tienen.

Mi infancia fue como dicen, "entre azul y buenas noches"; conservo recuerdos bonitos jugando con mis hermanos, haciendo pastelitos, meciéndome en el columpio del árbol en el patio; pero también hay muchos eventos traumáticos, de esos que hieren el alma y son difíciles de curar.

Desde mi niñez me acostumbré a culpar; me fui llenando de rencores y me convertí en una persona vengativa. Sin darme cuenta, mi Ser se estaba llenando poco a poco con gotas de veneno emocional... Si! Veneno; ese veneno que muchos conocen como RESILIENCIA. Uno de esos eventos o recuerdos que venían a mi mente una y otra vez era cuando yo tenía más o menos unos 6 o 7 años; me veo jugando con mis sobrinas; ellas tenían escasos 2 años... Las recuerdo con unos vestidos blancos, muy limpios, pero se nos ocurrió ir a jugar a los columpios, pero mi hermana la flaca salió de pronto y nos vio jugando. Como era de esperarse, las niñas se habían ensuciado; en ese instante estalló, comenzó a golpearlas y yo me puse en el medio, pero ni así reaccionó; me golpeó también a mí. Algo dentro de mí se encendió; en mi mente de niña sólo se expresó la siguiente frase:

-Hija de tu puta madre!

Ese momento me marcó; me tomé esa injusticia de un modo muy personal, y así crecí con un gran resentimiento hacia mi hermana; sus juegos sarcásticos siempre fueron así: le divertía buscar motivos para fastidiarnos, gozaba con hacernos maldades que para ellas eran divertidas, pero para mí eran traumáticas.

En cierta ocasión estábamos encargados de cuidar de los animales; las gallinas habían tenido sus pollitos y eso era motivo de gusto, pero algunos se enfermaron y murieron. Para mi desgracia, ese día mi querida hermana llegó, miró los pollitos muertos y tomó uno con el me correteó por todo el patio hasta echarlo finalmente en mi espalda, mientras gritaba:

-Por tu culpa están muertos!

Yo sólo quería escapar de ese momento, correr para que no me alcanzara; así nació en mí una fobia tremenda por las aves muertas. Cuando eres niña no diferencias lo que realmente eres y lo que te quieren hacer creer que seas; en mi niñez no podía ver que yo no era responsable de la muerte de esos animalitos, y al sentir ese cadáver en mi espalda comencé a sentir culpa, miedo e impotencia: no comprendía por qué tanta maldad hacia mí... ¿Por qué?

En el camino de mi vida como niña sucedieron muchos eventos traumáticos, tanto emocionales como sexuales, físicos y psicológicos, que me hicieron ser como fui.

Aún hoy en día siento dentro de mí la sensación de rencor; es una sensación que no me gusta; sé que debo perdonar y perdonarme, pero el tiempo a veces tarda en hacer su trabajo.

Algunas personas se acostumbran a callar y van acumulando miedos, rabia, tristeza, frustración; no se atreven a compartir lo que sienten y se quedan cargando ese peso en su existencia. Así era yo.

Todos los niños se proyectan en un futuro, y en mi caso personal, mi sueño era ser secretaria. A mis seis años comencé la escuela; ese fue otro trauma, pues yo nunca me había separado de mi madre; recuerdo mi salón de clases como un lugar demasiado grande, con una puerta enorme de fierro que se cerraba dejándome sola con alguien desconocido para mí.

No sé por qué nadie me explicó en qué consistía la escuela; nunca me dijeron que papá y mamá me iban a dejar allí, pero que luego irían por mí; de ese modo me hubiera hecho la idea de que estarían en casa o trabajando, y por eso no podían estar conmigo.

Ese fue mi primer choque emocional, y tal vez por eso nunca me gustó la escuela; siempre padecí de una falta de acoplamiento que no me permitía aprender, y que me hacía ver las cosas más simples como si fueran muy complicadas. Cuando estaba en clase yo sólo quería que el día terminara para irme a casa con mi mamá.

Reprobé mi primer año de primaria, y al repetirlo me tocó estudiar con niños más chicos, entre ellos mi hermanita; ella sería mi salvadora, pues mis compañeros me llamaban "burra", me pegaban y me jalaban el cabello, pero por mis inseguridades yo no me atrevía a defenderme; entonces mi hermana siempre venía en mi auxilio.

Esa vez pasé el primer año con un triste y mendigo 6; esa no era la calificación que mi madre esperaba, pues ella era hija de un profesor de escuela, así que suponía que nosotros debíamos ser todos muy inteligentes. Las burlas de mis hermanos no se hicieron esperar.

-Pasaste de a panzazo! -así se decía cuando pasabas con la calificación más baja.

En las vacaciones de verano era cuando más me aferraba a mi mamá; tengo memoria de los berrinches que le hacía para que me llevara cuando salía; recuerdo que lloraba por todo... "La chillona", me decían, pero no era por apego a ella, sino para no quedarme en casa.

Los sábados ella los aprovechaba para ir a vender frijol, y en algunas ocasiones me dejaba esperando a que saliera mi papá del trabajo; él era herrero y trabajaba en un taller que era de mi padrino de bautismo, que se llamaba Alfredo. Junto a el taller, en la misma calle, había una pollería de mis tíos hermanos de mamá; cuando ella iba a ver a papá, me dejaba con mis tíos en la pollería, y a mí me gustaba ir porque me regalaban una manzana enorme amarilla; eran mis preferidas.

15

Había ocasiones en las que se hacía tarde y no lográbamos encontrarlo; mamá regresaba enojada y algunas veces me dejaba sola esperándolo, como para asegurarse que papá regresara a casa y no se quedara a emborracharse, como era costumbre.

Un día él me compró una caja de chocolates para mi solita, para que lo esperara mientras él se metía a tomar a la cantina; en otra ocasión llegó a meterme con él a la cantina y sentarme en el mostrador. No recuerdo cuantos años tenía; sólo sé que me dejaban a esperarlo. En ocasiones, él en su borrachera me dejó olvidada en casa de sus amigos o con su comadre Doña Joaquina. Así, entre azul y buenas noches, mis recuerdos vagan entre un ir y venir de emociones; como seres humanos sólo recordamos lo malo, pero hoy puedo ver que también hubo momentos bellos y bonitos...

Recuerdo que cuando regresábamos a casa los tres juntos, yo era la niña más feliz, porque siempre me compraban mi bolsita de uvas, o una rebanada de sandía o piña; y sólo lo hacían conmigo; mamá se ponía feliz cuando él llegaba sobrio.

Mi infancia no fue fácil; en mi vida hubo muchas carencias, sólo que yo no las veía así, porque mis padres siempre me dieron lo mejor de ellos; durante mucho tiempo yo no tuve zapatos; crecí descalza, pero eso no me importaba. En una ocasión mi mamá me compró unos huaraches de plástico, y yo me sentía consentida.

Fui una niña caprichosa, berrinchuda y egoísta; a mis escasos siete años ya me salía siempre con la mía; hacía a la fuerza lo que quería y comprometía a los demás para que se hicieran las cosas a mi manera. Me bastaba con llorar un poco para lograr lo que quería; de chiquita eso me funcionó, y me quedé encerrada en esa niña toda mi vida.

Cuando empecé a ir a terapias ya de adulta, descubrí que los estados mentales son adictivos; son conductas que reproducimos inconscientemente, y que nos mantienen atrapados en esa niñez, en ese pedacito de vida; luego, con el crecimiento, vas creyendo que tu conducta es la adecuada, y sigues repitiendo esos comportamientos una y otra vez.

Así, en mi caminar, jamás detecté mis actitudes hasta que la misma vida me las mostraba en los seres que más he amado: mis hijos

Nuestra mente es tan perfecta que borra nuestros recuerdos cuando nos duelen demasiado; en mi caso, las imágenes que yo lograba reconstruir de mi pasado eran vagas, borrosas... No podía identificar rostros ni identidades; no lograba saber con seguridad qué cosas había vivido realmente y qué estaba imaginando. Durante mucho tiempo nadie me creía... ni siquiera yo.

Ahora sé que la forma en que vemos la vida es el resultado de lo que recordamos, lo que creemos que somos, lo que percibimos y lo que sabemos; nuestra memoria no es solamente una actividad cerebral, sino que se mezcla con todas las sensaciones de nuestros sentidos, y es por eso que una canción, un aroma o un sabor nos pueden trasladar en el tiempo hacía algún momento del pasado.

A todos nos gusta conservar los buenos recuerdos y olvidar los desagradables; es casi un mecanismo de supervivencia; sin embargo, la verdad con respecto a la memoria es que no importa si tus vivencias han sido positivas o negativas: mientras más intensas sean, más las recordarás. A veces ocurren eventos traumáticos que producen un quiebre en nuestra conciencia y en el alma; son tan intensos e impactantes que nuestra mente no logra ubicarlos correctamente, porque ella no distingue entre pasado o presente, y entonces nos siguen afectando sin que nos demos cuenta. A esto le llaman INCONSCIENTE.

En terapia aprendí que los recuerdos de un evento traumático siguen activos de forma desordenada en el INCONSCIENTE del ser humano que los ha vivido, y allí se convierten en ideas recurrentes, pesadillas y hasta alucinaciones; cuando esto ocurre, la persona pierde cada vez más la capacidad de diferenciar el límite entre la realidad y la imaginación, y hay un ejemplo muy claro de ello en mi propia vida:

En otra ocasión, mi mamá se presentó de imprevisto en la escuela; fue una de esas veces en las que te preguntas:

-Y ahora... ¿qué hice?

Recuerdo que me formaron junto a otras dos compañeras delante de todos los alumnos de la escuela, y de pronto resulté elegida como la siguiente Reina de la Primavera.

Yo no lo podía creer! Era como un sueño hecho realidad.

Me llevaron a comprar el traje a la Ciudad de México; me compraron también unos zapatos de charol de plataforma que estaban de moda en ese entonces, y ya con todo listo comenzamos las prácticas del baile para salir a dar la ronda por toda la escuela. Durante los ensayos todo salió bien, pero el día del evento los nervios me traicionaron, y en lugar de danzar, yo comencé a casi a correr.

Cuando terminó el desfile, los niños me rodearon preguntando:

- ¿Cómo le hiciste para bailar así de rápido?

En resumen, lo que sería el evento de mi vida terminó siendo un fiasco, y de Reina de la Primavera me convertí en el hazmerreír de toda la escuela. Aunque no demostré cuánto me afectó, ese hecho casi destruyó mi autoestima; con el tiempo aprendí a disimular mis emociones; en ocasiones lloré por no tener el valor de enfrentarme a las personas; fui dejando de lado amigos y relaciones, y me volví bastante antisocial.

Cuando era niña comencé a tener con frecuencia la misma pesadilla: entraba en un túnel de drenaje y comenzaba a caminar, pero el espacio se iba haciendo más angosto a medida que avanzaba, hasta que comenzaba a asfixiarme. Siempre me despertaba llorando.

Mi abuelita y mi mamá me echaban humo de cigarro o me frotaban un huevo con alcohol, me hacían sus limpias y sus rituales; ellas decían que eran mal de ojo que yo traía y nadie podía explicar por qué, pero con el tiempo pude comprender de dónde venían...

Quiero que a través de este libro tú puedas reflexionar sobre el despertar de la conciencia: cómo puede influir en tu vida algo que miraste, algo que escuchaste, algo que te hicieron...

Como la mayoría de los padres, los míos vivían ocupados y siempre estaban ausentes; mis hermanos mayores estaban en su propio mundo: unos ya casados, otros estudiando; en casa sólo estábamos los más pequeños, casi siempre solos.

Como lo mencioné, de los hijos de mi papá, yo era la penúltima, y en ese tiempo en casa sólo estábamos algunos primos y vecinos de la casa donde vivimos en el pueblo de mi mama; el más grande debería tener como sus 11 años... Para ese entonces ellos comenzaron a enseñarme unos juegos que, luego lo comprendí, eran cosas prohibidas, porque yo tenía muy metida la idea de lo que era pecado y lo que no.

En nuestro pueblo sólo había una manera de bañarse para, como decían, "sacarse la mugre": me llevaban al temazcal: un baño que para usarlo debes calentarlo con leña y que por dentro esta echo de ladrillos; luego debes tapar el lugar por donde metes la leña y por eso queda todo oscuro. En ese tiempo no existía la electricidad en nuestro pueblo y nos alumbrábamos con velas; mi hermana la flaca era la encargada de llevarnos cuando mamá no estaba; como siempre, nos metía a nosotros hasta el fondo y ella se quedaba en la entrada con la vela, según ella para cuidarnos. Lo que nunca supo es que allí adentro uno de mis hermanos me agarraba las manos mientras el otro comenzaba a tocarme, explorando mi vagina para saber por dónde meter el pito, mientras yo sentía que me asfixiaba.

Con el tiempo entendí que de ahí me venían mis pesadillas: fue por algo que me pasó y de lo que no podía hablar, porque si hablaba me chingaban:

-Nadie te va a creer... Si lo dices, te voy a pegar...

No hay cómo negarse cuando eres más chico que tus hermanos y escuchas las palabras mágicas:

- Vamos a jugar!

En mis recuerdos me veo encuerada debajo de las sabanas con varios de mis hermanos y hermanas, jugando a la mamá y el papá.

Ya de grande, le conté a mi hermana como entre queriendo y no queriendo, porque quería saber cuál sería su respuesta:

- ¿Esos eran juegos o qué chingadas? -le pregunté.

Y ella me respondió que así jugábamos; me lo reafirmó como algo normal, y eso me produjo coraje, porque ella era 5 años más grande que yo.

-No mames wey! No fue un sueño; fue real! -pensé, y luego le contesté:

-No chingues! Para ti será un juego, pero para mí fue traumático. Dicen que todos los niños tienen curiosidad y se exploran, pero hay de edades a edades... Ustedes eran más grandes!

Hoy, después de años de análisis psicológicos, puedo entender que los niños menores no vemos como juegos esas exploraciones de los mayores, y que las asimilamos como abuso, y así pasa de ser juego a pecado; lógicamente los más grandes lo excusan como juego para no sentirse culpables del abuso hacia los más chiquitos. Saber distinguir esas diferencias te libera, en primer lugar porque entiendes que fue algo real y no un juego, como te lo hicieron creer, y en

23

segundo lugar porque comprendes que no fue algo que tú decidieras.

A mí no me gustaba jugar así, y por eso no me gustaba quedarme en mi casa; siempre lo hacíamos a escondidas cuando estábamos solos, y aunque yo no lo comprendía, intuía que se trataba de algo malo; tal vez por eso prefería callar.

En esa lucha entre no querer hacer algo y no saber cómo evitarlo, comencé a sufrir de miedo y ansiedad; llegué al punto de no poder dormir, y las muñecas dejaron de interesarme: ahora tenía otras curiosidades.

A partir de esos eventos en mi vida comenzaron a venir muchos otros que, a pesar de mi corta edad, yo intuía que eran malos; mi ansiedad se comenzó a intensificar al grado de querer desaparecer de este mundo.

Ya era demasiado tarde: mi mente estaba perdida; ahora lo que quería era no jugar, pero estaba atrapada entre hacer lo que mis hermanos y mis primos decían –jugar, dejarme tocar por ellos- o contarle a mi madre. Algo dentro de mi me repetía lo que ellos me habían dicho:

- No te va a creer…

Un día fui con mi mamá a una fiesta a casa de un medio hermano de ella; mi tío tenía un hijo de nombre Daniel; el chamaco tenía como 16 años y yo como 8 o 9. Cuando él se acercó a mí, yo sabía lo que quería; me dijo que me daría una paleta y yo le dije que sí. Me llevo a un cuarto con costales de frijol y un montón de mazorcas amontonadas; de repente se abrió la puerta y entraron su papá y mi mamá; ella al verme me puso una golpiza, llamándome puta y un sin fin de cosas más.

Yo sólo pensaba:

-Yo sólo quería una paleta... Esto ya lo he hecho antes, es un juego que he jugado con mis hermanos y con mis otros primos: el Nacho, el Ángel, el José... Con mis carnales... ¿cómo es que ahora soy una puta?

Por más que le decía que no me pegara, era en vano; creo que por sus miedos me llevó con ella a visitar a mi hermana Paty que estaba en Morelia en un internado. Por el camino mamá iba arrepentida llorando, pero en mi mente sólo había tristeza y un odio callado hacia ella; así comenzó mi silencio.

Por esos mismos años, un día encontré el tesoro escondido de mi padre: una colección de revistas pornográficas que él había guardado muy bien, y que yo

25

comencé a leer a escondidas, pues aunque sabía que se trataba de algo prohibido, al mismo tiempo no podía parar.

Uno de los recuerdos más confuso y vagos de mi infancia es del día que me obligaron a tener sexo oral, pero no lo recuerdo con claridad; sólo tengo imágenes vagas: mi madre entra al baño, me dice que soy una puta y me da una chinga.

Cada vez que he tratado de hacer memoria, mi mente se bloquea, como si dijera:

-No pienses en eso; te hace daño... Bórralo, porque te lastima.

No he dejado de preguntarme por qué pasan esas cosas; por qué no hay nadie que las impida; cómo es posible que no se den cuenta, y si se dan, por qué prefieren callar antes que enfrentar la realidad.

Hoy sé que todo lo que viví fue crecimiento para mí; tal vez mi madre habría pasado por lo mismo, y por eso siempre me llevaba con ella, pues tendría miedo de que se repitiera la historia; sin embargo, nunca hizo nada más para impedirlo... Nunca me habló, nunca me preguntó nada, ni tampoco me dijo de quién me tenía que cuidar.

Más allá de los prejuicios y del juicio moral, los especialistas indican que los niños y las niñas atraviesan etapas de curiosidad normal, durante las cuales existe la necesidad de explorar su propio cuerpo y el de los demás; a esto se suma el tipo de información que hayan podido recibir, directa o indirectamente, respecto a la sexualidad, pero sobre todo predomina el deseo de satisfacer su propia sensación de placer; en otras palabras, en un niño con una mente sana no existe una conciencia sexualizada del otro, sino que lo ve como un elemento de descubrimiento y experimentación de sí mismo.

Cuando esta experimentación se lleva a cabo sin el consentimiento de uno de los involucrados, entramos en el terreno del abuso sexual, y ese era mi caso.

Lamentablemente, vivimos en un mundo que le falta el respeto a lo femenino.

Teniendo yo unos 14 años, un día iba yo caminando por una vereda rumbo a la secundaria y un tipo me salió de la nada, me levantó la falda y sin más me enterró una pica de hielo en una nalga... Sin motivo, sin aviso; sólo por ser mujer.

Es algo que se justifica silenciosamente en la sociedad, al punto que la mayoría de las mujeres abusadas no denuncian lo ocurrido, y menos aún si sucede en la infancia; por el contrario, se ha instaurado una especie de "acuerdo de silencio", debido a que muchas veces las víctimas son amenazadas. Estos hechos se convierten en un secreto de familia, y por lo tanto en un tabú, o como dirían los políticos, en secretos de Estado.

En cualquier momento y circunstancia, el acuerdo social de que el varón tiene derecho a violentar a la mujer física, emocional y sexualmente es un reflejo más del predominio de la mentalidad primitiva que considera al hombre como un ser irracional, sometido a la dictadura de sus instintos por encima de sus principios; lo peor es que tanto en mi caso como en el de innumerables familias, las mismas mujeres terminamos siendo cómplices de estas situaciones en pensamiento, palabra, obra y omisión, gracias a los complejos primitivos generados por una educación inmadura, y por una falta de educación psicológica mínima.

2

La fiesta equivocada

A mí nunca me gustó llamarme Inés, aunque era nombre de mi mamá; ella era una mujer grande y fuerte, que lo mismo cargaba un costal de frijol o se ponía a sembrar con los peones.

Mi papá le llamaba a mamá *Campanita*, pero ella no era para nada dócil; sin embargo, siempre se las ingenió para darnos importantes enseñanzas de vida. Hoy puedo decir que los mejores momentos de mi infancia fueron los que pasé a su lado.

De pequeños, mamá nos llevaba al campo y nos enseñaba a desyerbar, a piscar o cosechar, a desgranar el maíz, a cribar el frijol, ventilarlo y limpiarlo; en la época de cosecha nos ponía a pepenar, que es ir atrás de los peones mientras ellos van cortando para limpiar lo que sobra, y con eso ganábamos dinero para comprarnos ropa.

En esa misma temporada cuando era tiempo de cosecha mi madre nos llevaba de almorzar en un "chiquihuite" con sus platos de loza, y después de usarlos los limpiábamos allí mismo con arena, antes de llevarlos a la casa. Teníamos una burra de nombre Carmela, que nos acompañaba y era la que siempre llevaba los trastes más pesados; dentro de todo, hacíamos cosas bien chingonas: teníamos un lugar bien lindo donde había toda una hilera de duraznos... unos amarillos, otros blancos, piscos también; y en otro terreno teníamos higos, de los pequeños y de los grandes.

De chiquita siempre fui traviesa; me gustaba juntarme con chamacos que me retaban a subirme a todas partes, y en especial me encantaba treparme a los árboles, pero tenía que hacerlo a escondidas, porque si mi madre me veía comenzaba a gritar:

-Bájate de ahí marimacha! ¿Qué andas haciendo allá arriba? Te vas a romper una pata!

Mamá fue viuda antes de casarse con papá, y entre sus múltiples quehaceres estaba el de ser abuela joven, pues sus primeras hijas ya tenían familia cuando yo nací. La recuerdo siempre activa; nunca se quejaba ni dejaba de cumplir sus deberes de madre, siempre preocupada por darnos comida y sustento; creo que por eso yo crecí pensando que la mujer era la que debía llevar la casa.

Ella me enseñó a valerme por mí misma, a ser una persona responsable y de palabra; siempre que hacía un trato, sólo se daban la mano y ya; no había necesidad de firmar un papel para cumplir con lo acordado.

Me gustaba mucho acompañarla al puesto a vender el frijol; ella tenía su manera de medir: una lata de sardina equivalía a medio kilo; en otras ocasiones usaba el litro: 4 litros formaban un almud, y así sucesivamente.

-Si quieren un kilo, son dos de estas... y luego les das un pilón- me decía.

Ella hacía sus tortillas a mano, y a mí me ponía a echarle olotes al tlecuil; por las mañanas íbamos al molino, excepto los domingos que eran días de levantarnos muy temprano para ir a misa a las seis de la mañana.

Un día me impulsaba a participar en las carreras de atletismo de la escuela, y al otro me mandaba a ir por agua a un pequeño manantial de agua pura riquísima; así como me hizo ser Reina de la Primavera en la escuela, también me educó para ser una gran mujer en pequeño.

Por eso, cuando se iba sin decir a dónde, yo la extrañaba; en mi mente de niña nunca entendí tantas cosas, y por eso mis recuerdos son así, del presente al pasado y viceversa. Un día estaba en la casa de Puebla; mamá tenía ya tiempo enferma, y yo quería verla; ese día me habían llevado para cuidar de ella... En mi recuerdo está mi cuñada abrazándome, diciendo que todo iba a estar bien, pero algo dentro de mí me decía que no era así; yo quería correr a abrazarla, pero ese abrazo jamás sucedió. Así me quedé, perpleja, asimilando lo que estaba sucediendo sin poder ir. Era una niña de sólo 10 años.

Mamá estaba grave; se la llevaban porque ya no podían cuidarla más ahí, así que llamaron una ambulancia que la llevaría al hospital en Puebla; mientras estuvo enferma, sólo en ciertas ocasiones mi papá me llevó a visitarla, pero la mayoría de las veces no se me permitió entrar. En México no es como aquí; a los niños no se les permite visitar a los enfermos, allá no es que cualquier chamaquito entra a ver a su mamá; la visita es restringida; sólo los adultos pasan.

Mamá decidió llevarnos al pueblo, pero allí no había quien nos cuidara; entonces nos fuimos a vivir a la casa de mi tío Sebastián, en Santa Isabel Cholula, Puebla; él tenía una casa con un gran patio central y un pozo en el medio; había también un árbol de aguacate.

Allí nos dieron un cuarto grande que convertimos en cocina, dormitorio, sala y comedor; de dormir cómodamente en nuestras camas pasamos a dormir en unos petates, como dice el dicho: "juntos, pero no revueltos".

Para nosotros todo aquello era una novedad; allí teníamos una burra y un caballo; teníamos un corral donde poníamos a los chivos, cochinos y borregos; había un cuarto de cartón hecho de madera donde teníamos el gallinero; como estábamos solos la mayoría del tiempo nos turnábamos para ir por las hojas de naranjo que estaban en el otro lado de la casa, así hacíamos te que tomábamos todo el tiempo, y otras veces íbamos por una bolsita de Café Legal que alcanzaba para todos.

De vez en cuando venía mi hermano Luis a darnos la vuelta; él estaba estudiando en la ciudad, y a nosotros nos gustaba cuando él venía, ya que no había regaños ni mucho menos golpes. A otro de mis hermanos lo apodábamos "La

Vieja", porque siempre nos echaba de cabeza: nos espiaba para luego ir a llenarle la cabeza de chismes a mi hermana la flaca.

Ella ya estaba casada por segunda, y era la que se pasaba de transa, pero mi mamá le había pedido que estuviera pendiente de nosotros, así que venía con frecuencia; llegaba a chequear, veía qué estábamos haciendo y nos dejaba tarea:

-A ti te toca lavar los trastes ...a ti esto ...a ti aquello...

Nos regañaba por cualquier cosa: porque no estaban los trastes limpios, porque nos fuimos a lavar la ropa para el pinche barranco, porque salimos sin permiso; por lo que fuera, cuando ella aparecía siempre había regaño. A veces llegaba para ver si nos habíamos aseado, y si no, ella misma nos bañaba, lo cual era una verdadera tortura; en una ocasión llegó a tallarme la piel hasta sangrar, porque según ella yo tenía demasiada mugre.

Nunca sabíamos cuándo iba a llegar, y siempre nos metía unas regañadas que bueno! Reclamaba porque no hacíamos las cosas, o porque no le avisábamos que estábamos haciéndolas. Cuando mi hermana Paty regresó del internado, ya no se pudo regresar, y en ocasiones las peleas por defendernos terminaban con un agarrón de greñas con la flaca; hasta que se quebraban las cucharas de palo una contra la otra.

Una vez mi mamá regresó de haber estado internada en el hospital y nos encontró con las piernas todas moreteadas y llenas de sangre, porque la flaca había venido el día anterior y nos había pegado con el cinto; ella misma se había asustado al vernos tan golpeadas, y nos había obligado a ponernos los pantalones de mis hermanos, pero al vernos así vestidas, mi mamá nos preguntó:

- ¿Qué les pasó? ¿Por qué andan de pantalones, como marimachas? ¡Pónganse un vestido!

Mi hermanita y yo nos miramos como diciendo:

-Si le decimos que la flaca nos golpeó, nos madrea la flaca, y si no decimos, mamá nos va a pegar...

Y le contamos que nos había pegado la flaca.

- ¿Por qué les pegó?

A ella le dio tanto dolor que empezó a llorar; se dio cuenta de que mi hermana estaba abusando de su autoridad y nos estaba tratando con violencia, pero no tenía opción: en el entorno no había nadie más que pudiera estar pendiente de nosotros.

Ahora pienso que tal vez la flaca no estaba preparada para cuidarnos, pero le tocó hacerlo debido a la enfermedad de mi mamá; es probable que tuviera problemas en su matrimonio, o a lo mejor le pasaba algo bien cabrón y se desquitaba con nosotros; son cosas que pasan, y no solamente en mi familia.

Muchas veces los padres tienen que irse a trabajar, o se enferman, o simplemente no quieren hacerse cargo de sus hijos, y son los hermanos más grandes los que terminan asumiendo la responsabilidad de los más chicos; sin embargo esto siempre genera problemas, porque no es lo normal, no es lo natural.

Es muy común ver a unos niños que están siendo criados por otros con apenas unos pocos años más que ellos, y lo peor es que ni los unos ni los otros están viviendo la vida que merecen, pues cada etapa de la vida tiene sus necesidades, pero la infancia en particular debería ser sagrada.

Ahora que soy adulta puedo reconocer que mi hermana desde muy chica tuvo responsabilidades que no correspondían con su edad, y eso la había convertido en una persona infeliz y llena de resentimientos; ella nos "atendía" como una obligación, pero no lo hacía con agrado ni con cariño, y a nosotros como niños se nos contagiaba todo ese coraje. Es así como el rencor se convierte en una cadena interminable.

Hoy en día se habla de mucho de "bullying" para referirse al acoso que los niños sufren en la escuela, pero poco se dice del maltrato que viven dentro de la familia, en la comodidad del hogar y con toda la impunidad que da la privacidad y el parentesco. Los adultos creen que sus derechos no tienen límites, y más aún si son los padres o los hermanos mayores, pues se valen de esa posición de poder para someter a los menores.

Todo adolescente necesita un guía, una orientación, pero al enfermarse mi madre, nosotros prácticamente nos quedamos solos; no teníamos a nadie que nos cuidara ni que nos dijera:

-No hagas esto porque está mal... No le des por ahí, porque te van a partir tu madre...

Nadie tenía la cabeza puesta en nosotros en ese momento; todos estaban atendiendo sus propias obligaciones, así que tuvimos que aprender por ensayo y error: cuando hacíamos algo que "estaba mal", simplemente nos golpeaban y ya; muchas veces ni siquiera lográbamos comprender por qué nos estaban castigando.

Yo aún era pequeña y no me podía defender, pero en mi mente tramaba:

-Cuando mi mamá regrese ya verán... No volverán a ponerme un dedo encima!

A pesar de todo, tuvimos suficiente cordura emocional para no llegar a hacer otras cosas; gracias a Dios, no nos fuimos por el mal camino.

Como todas las madres, la mía también tuvo sus errores, y uno de ellos fue el ser demasiado enojona; nos daba regaños con golpes casi por cualquier cosa, pero después se arrepentía. Nos crió a su manera, porque ella también fue educada con mano rígida y a los golpes; esa era su forma de darse a respetar, aunque en el fondo no dejaba de darnos más amor del que podía tener por sí misma.

En mis recuerdos aún sigue vivo el día en que llegó papá por nosotros a la escuela; era algo inusual, pues la que siempre asistía a las reuniones de juntas o festivales de la escuela era mamá. Ese día él llegó a recogernos, y nos dijo que mamá ya venía de regreso del hospital, que tendríamos una fiesta para esperarla. En el camino de regreso paramos a contratar al encargado de la música, y allí nos ofrecieron algo de comer; fue entonces cuando escuchamos a alguien decir:

- Se acaba de morir Doña Inés... Mira! Ahí están los huerfanitos...

Nosotros nos quedamos inmóviles, sin saber qué hacer; nos acababan de servir la comida, pero nosotros nos levantamos de la mesa y nos fuimos corriendo a buscar a papá. Cuando llegamos a casa vimos que había llegado mucha gente; estaban preparando tamales, atole, café y un montón de cosas; vi a mi hermano mayor salir llorando de una de las habitaciones, pero en el momento que yo quise entrar no me dejaron pasar.

- No entiendo! -dije yo- Mi papá nos dijo que mamá ya llegó...

-Sí - me respondieron- Tu mamá está aquí, pero está muerta.

Mamá murió de cáncer en la matriz; estuvo tratándose la enfermedad por varios años entre Ciudad de México y Puebla, o al menos eso era lo que nos decían.

Primero la operaron y le quitaron un ovario, luego el cáncer continuó y le quitaron el otro ovario y después la matriz, pero la enfermedad se le empezó a expandir por todo el cuerpo.

Le hablaron de un doctor que tenía muy buena reputación y atendía en Atlixco, una ciudad de Puebla; él le dio esperanzas y decidió operarla, pero ella empeoró; después de esto la llevaron a la casa de Puebla y después al hospital en la ciudad; allí falleció el 18 de mayo de 1981, cuando yo sólo tenía 10 años.

A partir de ese día mi vida cambio completamente; comencé a sentir un vacío que nada ni nadie podía llenar; me volví más callada, y la mayor parte del tiempo lo pasaba encerrada escuchando la música preferida de mi mamá, recordando cada momento que había pasado a su lado; algunas veces me dormía muy tarde, llorando.

Me daban unas ganas enormes de irme con ella, de no querer estar aquí, de preguntarle por qué me había dejado más sola y desamparada que nunca.

Literalmente, yo quería morirme.

Evocar aquellos momentos me produce mucha tristeza; es una sensación que hasta el día de hoy todavía no me ha dejado de doler.

Yo no estaba sola, pues tenía a mis hermanos y a mi papá; sin embargo no me sentía amada ni comprendida por ellos. Se puede decir que yo fui una huérfana emocional, desde antes incluso de perder a mi madre.

A mis ya 10 años ya había sido abusada, violada, golpeada... Había aprendido como las mulas a soportar maltratos, humillaciones, burlas y muchas otras cosas; me acostumbré al amor enfermizo, porque eso fue lo que me dieron.

Después de la muerte de mamá, yo vivía en el pasado, en un continuo recordar; llegué a perder la noción de mi presente y de mi propia realidad.

En mi mente de niña surgió una preocupación:

-Y ahora... ¿Quién va a ir a vender al mercado?

Y me respondí a mí misma:

-Pues yo!

Ese día me fui sola al mercado donde acompañaba a mamá a vender el maíz y el frijol; yo sabía dónde estaban los puestos de venta, los días que nos tocaba, el camión que tomábamos, las paradas donde nos bajábamos, las cuadras que había que caminar para llegar, las medidas que usábamos...

En fin! Eran muchas responsabilidades que nadie conocía como yo, y de hecho tuve buenas ventas, pero al regresar a casa me encontré con los regaños de mi padre y las burlas de mis hermanos:

- ¿Por qué lloras tanto? - me decían ellos- Tú siempre te la pasabas con ella.

No podían ni siquiera imaginar lo que yo sentía; con el tiempo entendí que todo niño necesita el amor de ambos padres por igual, y que ninguno de los dos sustituye al otro; mi mamá era mi soporte, yo veía el mundo a través de sus ojos, pero ahora no estaba para indicarme el camino. Ya no la vería nunca más... No iba a estar conmigo en mis 15 años, ni cuando me fuera a casar...

Es verdad que la muerte es lo único cierto que nos acompaña en esta vida, pero siempre nos sorprende, como si en verdad no supiéramos que tarde o temprano iba a llegar.

Tal vez lo más duro para mí fue el haber tenido esperanzas: haberla visto cuando todavía estaba en su tratamiento, haber conversado con ella, esperar su regreso ya recuperada y con salud, y de un momento a otro, encontrarme con que se había desvanecido.

Ninguna muerte es fácil de afrontar, y menos aún para la mente de un niño; la imagen que aún conservo de mi mamá es la de una mujer fuerte como una roca, tanto de cuerpo como de alma; el pilar de mi vida; mi heroína inmortal. En cierto sentido me alegra que las circunstancias me hayan permitido conservarla de ese modo en mi memoria, porque sé que en sus últimos días sufrió un notable deterioro de sus capacidades.

Lo terrible de la muerte es que no sólo es inevitable, sino intransferible; es una cita a la que nadie puede faltar; lo digo porque en algún momento llegué a pensar en que ojalá hubiera muerto yo en lugar de mi mamá, pero eso no tenía sentido, porque lo que yo quería era el sueño imposible de seguir viviendo junto a ella.

A lo largo de los años, muchas personas me han dicho que lo que ocurrió fue lo mejor, que mi madre hubiera sufrido terriblemente si hubiera continuado con su enfermedad, que afortunadamente logró partir antes de que el dolor se volviera insoportable; estoy segura de que todo es verdad, pero en aquel momento nada lograba consolarme del hecho de no haber podido despedirme de ella, cerrar ese ciclo y prepararnos juntas para esa separación.

Ahora que soy madre, imagino su angustia y su tristeza sabiendo que se iba y que nosotros quedaríamos a la deriva sin ella; es lamentable que a pesar de saber que la muerte es la única certeza de la que no podemos escapar, vivamos ignorándola, como los niños que al cerrar los ojos creen que no los vamos a ver.

El hecho de no haber podido despedirme de ella, asimilar que ya no la vería más, fue lo que dificultó aún mucho más mi proceso de aceptación respecto a la muerte de mi madre.

El duelo es un proceso psicológico que muchas veces no sabemos cómo manejar, pero que cuando se vive adecuadamente nos permite continuar nuestro camino con las heridas bien cicatrizadas. Al fin y al cabo, todas las etapas por las que pasamos durante el duelo deben desembocar en un mismo punto: la aceptación de lo que no podemos remediar.

Al final, cada quien decide cómo entender la muerte; es tal vez la única experiencia humana que no podemos compartir, y por lo tanto, la más íntima y personal; ojalá pudiéramos algún día alcanzar la sabiduría y la humildad suficientes para abrazar la muerte del mismo modo que abrazamos la vida; de esa manera podríamos aceptar sin resistencia las innumerables muertes cotidianas a las que nos tenemos que enfrentar antes de que llegue la definitiva.

3

Los recuerdos
de mi padre

Los recuerdos de mi padre huelen a licor. Sí... mi papá era un alcohólico, un borracho de esos que llevan a sus amigos tomados a la casa; mi mamá enojada les aventaba ladrillazos y los corría, y una vez hasta les echó la sopa encima.

Mi casa era muy pequeña y era imposible no darse cuenta de muchas cosas... Mi hermana Pati siempre nos decía:

- Quítense, que ahí están los borrachos... Vénganse para acá!

Muchas veces yo acompañaba a mi papá al pueblo, pero cuando él se emborrachaba nos tocaba irnos en taxi, y si no, teníamos que regresar en camión y después había que caminar 2 kilómetros hasta la casa.

Por todo el camino yo iba llora y llora:

-Yo no quiero irme caminando!

Y mi papá sólo meneaba la cabeza, porque al final siempre me salía con la mía; si nos íbamos en camión él terminaba cargándome una buena parte del camino.

-No manches! -me decía.

Desde que perdió su empleo en la compañía donde trabajaba, mi papá puso su taller de herrería en la casa; un día después del velorio de mi madre, llegaron unos hombres a robar. Yo iba entrando en ese preciso momento y me encontré con los rateros que ya iban de salida; recuerdo que en mi inocencia hasta les di las buenas tardes, como es la costumbre en los pueblos; menos mal que no me hicieron nada!

Cuando papá regresó, yo le dije muy sonriente:

-Aquí vinieron unos señores buscándote...

Se habían llevado la TV, el dinero de la limosna del velorio de mamá y las herramientas de mi papá; después de eso, él decidió que nos fuéramos otra vez a Puebla, y yo feliz, porque aquello de sembrar no me gustaba; no era lo mío.

Cuando murió mamá, mi hermana Pati habló con Alejandra y conmigo:

-De ahora en adelante no quiero que papá las abrace; no quiero que se le acerquen.

Ella siempre nos estaba cuidando de él; es verdad que a veces llegaba eufórico a abrazarnos, pero nunca intentó hacernos nada malo.

Por lo general los seres humanos nos enfocamos en lo negativo, pero en honor a la verdad, también vivimos momentos muy bonitos junto a mi padre. Cuando estaba sobrio era un hombre muy inteligente que disfrutaba llevarnos de excursión, en varias ocasiones llegaba cargado de mangos y sandías que él mismo picaba para nosotros; también se iba a donde cosechaban cacahuates y llegaba con los costales repletos.

Cuando mi madre murió, él traspasó los terrenos que eran de ella, tomó el dinero y lo puso a trabajar a crédito; gracias a eso pudo darnos una vida muy diferente a la que traíamos; siempre nos contaba que cuando era chiquito, su mamá sólo compraba las cabezas de los pollos; a unos les daba la cabeza y a otros le daba el pescuezo.

-Ustedes están en la gloria por comer alas y guacales- nos decía.

Se convirtió en papá y mamá: nos enseñó a cocinar, a trabajar, nos daba consejos y nos explicaba todas las cosas que a esa edad uno necesita entender:

-No hagas esto... No hagas lo otro... No se vayan a comer el pastel antes del almuerzo...

Jajaja! Si me hubiera dicho con las palabras correctas que comerse el pastel era tener relaciones sexuales, qué diferente hubiera sido mi vida! Así lo veo ahora, aunque sé que no es verdad; las cosas pasaron como tenían que pasar.

Cada Navidad nos juntaba a todos para poner el Nacimiento; y desde que murió mamá nos llevaba a visitarla en el cementerio cuatro veces al año, como decía él en sus múltiples refranes, llueve truene o relampaguee: el día de su santo, el de su cumpleaños, el día en que murió y el Día de los Muertos.

Cuando regresamos a la ciudad, mi cuñada habló conmigo:

-Te vas a venir a vivir conmigo; tu mamá me dejó encargada de ti.

Ella era la esposa de mi hermano Toño; ambos vivían con sus hijos en una habitación en la casa de Puebla que en algún momento compartieron con mi hermana la flaca. Antes de que mamá falleciera compartían la casa de Puebla que tenía dos habitaciones; aquí llega a mi mente otro de mis recuerdos...

La flaca se iba a trabajar y nos dejaba allí encerradas; la orden era que no saliéramos, pero por supuesto que no le hacíamos caso: mi cuñada movía su gabinete y nos sacaba por debajo del ropero que dividía los espacios. Yo sentía que me ahogaba cuando pasaba por debajo del armario; quizás por esa razón sufro de claustrofobia.

Otras veces nos salíamos por una ventila pequeña que sólo se abría hacia afuera; primero aventaba a mi sobrina por ahí y luego me salía yo, hasta que un día nos pilló el novio de mi hermana, y como era de esperarse, nos metió en una chinga a las dos; de ahí me llevaron otra vez para el pueblo.

Estudié en la ciudad de Puebla hasta el primero de secundaria; recuerdo el mes de mayo, el Día del Padre...

todas esas cosas de la infancia que debieron ser bonitas, pero que para mí fueron todo lo contrario...

Para una celebración del Día del Niño nos dijeron en la escuela:

-Trae tu plato y tu cuchara- pero yo no los tenía. Se sentía feo tener hambre y estar deseosa de que me dieran más, porque en mi casa no había.

Cuando mi mamá aún estaba, por lo menos comíamos carne una vez a la semana, y cuando le iba bien traía cecina y cosas así, pero desde que falleció nada más comíamos frijolitos y tortilla.

A mis 11 años yo apenas iba en cuarto grado, pues había reprobado varias veces, y por eso me trataban de "burra"; ese tipo de ofensas te marcan en la vida, porque llegas a creértelas, y sin darte cuenta terminas actuando como si fueran ciertas.

Cuando salí de la primaria yo tenía un grano grande y hondo en la cabeza, de donde me salían piojos; mis hermanos me ponían en el patio con una sábana blanca grandota, y llamaban a los vecinos y a los primos para que ayudaran a contarlos.

Me echaban alcohol, petróleo, todas las cosas que te puedas imaginar para matar los piojos, pero no había forma de exterminarlos.

Un día la flaca me dijo:

- Ya sé cómo se te van a quitar los piojos...

Yo estaba en la cama y de pronto la vi acercarse con su risa burlona:

-Te voy a cortar el pelo-me dijo...

-Estás loca- le respondí.

-Sí...? Ahorita vas a ver...

Agarró unas tijeras de esas enormes de cortar pollo, las metió en mi cabello y nos quedamos mirándonos las dos.

-Cuánto a que te lo corto - me dijo ella...

-Cuánto a que no...

Y... ZÁZ! Metió el primer tijerazo; no me pude defender: me rapó pelona. Para mí, fue como si hubiera mutilado mi personalidad; nunca había sufrido un ultraje tan violento, y además con tanta consciencia. Literalmente, mi autoestima caía en pedazos con cada mechón de mi cabellera.

Esa humillación no se le hace a nadie.

Yo acababa de salir de la primaria y estaba entrando en la adolescencia; estuve un año encerrada en mi casa por la vergüenza de que me vieran sin cabello; comencé a usar pañoleta, no salía, no iba a la escuela; me escondía.

A lo largo de los cursos y talleres que he comenzado a tomar en esta etapa de mi vida he podido comprender que la forma en que nos sentimos depende de la manera en que nos vemos a nosotros mismos; sin embargo, esa forma de vernos depende de cómo nos ven los demás.

Por eso a veces pienso que la palabra *autoestima* es un poco imprecisa, pues se refiere a la forma en que nos valoramos, pero depende en gran medida del valor que recibimos de los demás, y sobre todo durante la infancia y la adolescencia.

Si creces sintiendo que no mereces respeto y que no tienes valor como persona, sin duda vas a vivir como sin arraigo, sin conexiones, sin sentido, y en esas condiciones será muy difícil poderte enfrentar los retos del día a día, especialmente cuando las personas que te maltratan tienen alguna autoridad sobre ti y pertenecen a tu propio círculo afectivo, haciendo mucho más difícil la identificación del problema.

Una persona que no confía ni se respeta a sí misma, no puede confiar en los demás, y mucho menos respetarlos. La persona que se respeta a sí misma logra reconocer su propio valor, y es capaz de defender lo que piensa, lo que siente y lo que necesita.

Simplemente, en todas las familias ocurre que alguno de sus miembros se cree con motivos suficientes para imponerse sobre los demás; por lo general todos percibimos a nuestra familia como un entorno vital, pero cuando ocurren este tipo de situaciones se genera una terrible paradoja, como si habitáramos en una burbuja que nos nutre y al mismo tiempo nos envenena.

Por supuesto que ser el blanco de maltratos entre nuestros compañeros puede afectar terriblemente nuestra autoestima, pero si el ambiente en nuestros hogares se encuentra equilibrado siempre podremos encontrar allí el soporte necesario para soportar y superar cualquier dificultad.

En cambio, cuando es el ambiente de nuestra casa que carece de equilibrio, siempre tendremos la sensación de estar a la deriva, sin bases firmes para enfrentar las corrientes de una cambiante realidad.

Un aspecto importante relacionado con este tema es el hecho de que muchas veces los padres cometen el error de delegar en algunos de sus hijos ciertas responsabilidades e incluso una dosis de autoridad, debido a que ellos se encuentran atareados intentando sobrellevar el día a día; esto genera múltiples inconvenientes, tanto en los delegados como en los subordinados, pues constituye un manejo inadecuado de los roles familiares que erosiona la autoridad de los padres y las relaciones entre los hermanos.

Lamentablemente la sociedad actual nos ha obligado a poner en primer lugar lo urgente y dejar atrás lo importante; es lo que pasa cuando el trabajo, los ingresos y el reconocimiento captan más nuestra atención que la relación que tenemos con nuestros hijos.

En todo el tiempo que mi cabello tardó en crecer, yo no me dejaba ver de nadie. El doctor Alberto era el único extraño con el que platicaba; lo conocimos cuando llegó a hacer su servicio en la colonia y se hizo amigo de mi papá; después llevaba su carro a nuestra casa para guardarlo.

- ¿Por qué te escondes? - me preguntaba

55

- Porque no me gusta que me vean- le respondía.

Yo iba a su consultorio con cierta frecuencia; nos hicimos buenos amigos y comenzamos a platicar; él me enseñó a inyectar y a tomar la presión; también me diagnosticó una arritmia cardiaca.

-Tienes un soplo en el corazón- me dijo, -debes hacerte un electrocardiograma.

Se dio cuenta por las faltas de aire que yo sufría desde chiquita; mis traumas eran tan grandes que cualquier cosa me producía asfixia, y hasta la fecha a veces me ahogo.

-La mente tiene resortes- me explicaba-y hay palabras o situaciones que te hacen recordar cosas que no te gustan; si no estás preparada puedes entrar en pánico o en ansiedad y tener un choque emocional.

Hasta que me vine para los Estados Unidos siempre estuve en contacto con él; lo recuerdo con cariño, no sólo porque me enseñó muchas cosas, sino sobre todo porque me ayudó a salirme un poco de mi depresión.

En aquel tiempo yo había adoptado un hábito muy peligroso: iba a la tienda de la esquina y compraba Mejorales diciendo que me dolía la cabeza y la angina de pecho; luego me los tomaba y me acostaba a dormir; sólo así se me aplacaba ese pinche deseo de morirme que se me había instalado en el alma desde el día que enterramos a mi madre.

Hoy sé que estaba atravesando una profunda depresión; me sobraban las razones para no desear esta vida; suena terrible, pero así era como me sentía.

Ser adolescente es una prueba de fuego, pero es mucho más difícil cuando las condiciones que nos rodean no son las más adecuadas; en otras palabras, un adolescente en un hogar disfuncional tiene que enfrentar dificultades mucho mayores que otro con un ambiente familiar armonioso.

La adolescencia es una etapa de indefinición; ya no somos niños, pero tampoco somos adultos, y tenemos que luchar por ganar autonomía e independencia sin tener la suficiente madurez para enfrentar la dura realidad. Queremos ser populares, tener amigos, ser atractivos para el sexo opuesto, divertirnos y retar la autoridad de nuestros mayores, mientras nos presionan para tener un buen rendimiento en la escuela, para cumplir con nuestras responsabilidades y respetar los límites que nos han impuesto...

Por si esto fuera poco, estamos definiendo una personalidad, y si en ese momento nos quedamos sin norte, sin esa persona que de alguna manera nos orienta y nos hace un lugarcito en su vida, literalmente es como si nos diluyéramos.

Cuando miro hacia mis recuerdos puedo comprender hasta qué punto yo me sentía vacía y sin sentido; lo más grave de los problemas afectivos y psicológicos es que no generan síntomas evidentes; no producen fiebre ni dolor de cabeza, y por eso muchas veces pasan desapercibidos o no son tomados en serio, sino cuando ya no hay vuelta atrás.

Hoy en día los jóvenes sufren en silencio; hay ansiedad, depresión, abusos psicológicos y hasta sexuales, falta de aceptación, bullying, y desorientación; todos estos factores pueden conducir a nuestros hijos directamente al abismo de las drogas o el alcohol, de la delincuencia, y hasta del suicidio.

La personalidad es como un recipiente vacío que traemos al nacer, y que comienza a llenarse con todas nuestras experiencias; no estamos desconectados del mundo, sino que es el mundo el que nos hace; debemos reflexionar al respecto, pues todos afectamos la vida de todos en la medida que compartimos esta existencia. Tenemos el poder de impulsarnos o destruirnos los unos a los otros, y no se necesita mucho para lograrlo: una mirada, un gesto, una simple palabra, pueden lograr cualquiera de los dos efectos: todo depende de nosotros y de la intención con la que nos dirijamos a los demás.

Sé que es difícil de admitir, pero desde niños aprendemos a ver el mundo y a nosotros mismos a través de los ojos de nuestros mayores; por eso es que ser padre o madre va mucho más allá de simplemente satisfacer necesidades básicas, como el alimento o el vestido, pues nuestra verdadera misión es configurar la mente de nuestros hijos para que logren ver lo mejor de su entorno y de sí mismos.

Es una cadena: lo que damos es lo que tenemos, y esa es la razón por la que digo que la mejor inversión de mi vida ha sido capacitarme, educarme para entenderme y ayudar a otros a entenderse; cada día me convenzo más de que ese es el aporte más valioso e importante que puedo hacer a la humanidad.

Algo de lo que muy poco se habla es de que las ideas a favor o en contra de nosotros mismos son las que dirigen y controlan nuestra vida, pero casi nunca estamos conscientes de lo que pensamos en realidad; hay cuestiones no resueltas que se encuentran alojadas en rincones muy profundos de nuestra conciencia, y desde allí nos muestran lo que quieren que veamos.

Otro gran problema que genera la falta de autoestima es que siempre estaremos corriendo detrás de lo que no tenemos, es decir, no somos conscientes de nuestro propio valor y vamos a actuar como si necesitáramos ganarnos el aprecio, el afecto y la confianza de los demás; esto significa dar lo que no nos han pedido, o dar mucho más de lo que nos corresponde en las relaciones; también puede traducirse en callar nuestros malestares e incomodidades, con lo que terminamos convirtiéndonos en cómplices de quienes nos abusan.

Tener autoestima no significa tener falta de humildad, sino todo lo contrario: quien tiene autoestima se conoce bien a sí mismo, sabe sus fortalezas y sus debilidades, y se ama tal cual es. Las personas con una sana autoestima son equilibradas, se aceptan y aceptan a los demás, porque se sienten en paz siendo quienes son, con lo que hacen y también con lo que prefieren no hacer; esto no significa que no tengan voluntad de superación y que no les gusten los cambios, pero disfrutan cada momento de sus procesos personales.

Una gran cantidad de personas dedica enormes esfuerzos hoy en día para lograr enfocar mejor su propia autoimagen; el conocimiento de sí mismo es un largo camino hacia nuestro interior, pero la mayoría de las veces es necesario contar con el acompañamiento adecuado para poder llegar a nuestra verdadera esencia.

Estoy agradecida por haber superado estas pruebas, y por las oportunidades que han llegado a mi vida para re-encontrarme; ahora sé lo frágiles que somos los seres humanos en los momentos de confusión, y la fuerza y la determinación que podemos demostrar cuando nos sentimos seguros y amados.

Esa es la semilla del éxito y la realización personal: poder estar en donde quieres estar, sintiéndote bien contigo mismo; no importa si te conviertes en el Presidente de tu país o si eres el encargado de barrer las hojas secas en el parque; si estás haciendo lo que realmente deseas, el resultado tiene que ser tu felicidad; sin embargo, ese es precisamente el detalle más complicado: llegar a la esencia de quiénes realmente somos, superando todas las ideas y opiniones que los demás nos han inculcado sobre nosotros mismos desde que tenemos memoria.

4

Descubriendo la realidad

Dicen que cuando el diablo nos cierra una puerta, Dios nos abre mil ventanas. De mis hermanos más grandes, la flaca fue una de mis maestras; siempre fue la más dura y despiadada, pero también estaba GUICHO, el estudioso de la familia, quien trató de orientarme para que yo siguiera preparándome: me inscribió en una escuela secundaria de Cholula; se encargó de todo lo necesario y se puso como mi representante.

Otro de mis hermanos, Javier, se había comprado un sonido con luces y comenzó a animar las fiestas en la colonia. Mis amigas y yo hicimos un club en mi casa donde nos reuníamos para bailar, y así empezamos a conocer chicos. En uno de esos bailes me llamó la atención un muchacho que estaba parado en una esquina viendo a todos divertirse; parecía bastante tímido. Una de mis amigas me dijo:

-Está bien guapo... Corre! Ve y sácalo a bailar...

-Mejor ve tú-le respondí, pero ella me desafió:

- A que no vas...

Me acerqué a él, empezamos a hablar y aunque no le gustaba bailar, lo hice que bailara conmigo y terminé proponiéndole que fuéramos novios.

Lo que empezó como una apuesta se convirtió en una relación con todas sus letras; mientras tanto, los conflictos en mi casa habían llegado a niveles insoportables: mis hermanos y yo discutíamos por cualquier cosa, incluso llegamos a los golpes. Tratando de huir de mi realidad, me fui a vivir con mi novio a la casa de su padre; yo tenía en ese entonces 15 años, y él 17. Estuvimos unos meses ahí y luego nos salimos a vivir a un cuarto; para ese momento yo ya estaba embarazada.

Una de las cosas que he aprendido a lo largo de mi vida es que los problemas son para enfrentarlos, pues pretender escapar de ellos sólo nos conduce a situaciones peores; al principio todo comenzó con unos pequeños indicios de control: él me dejaba encerraba con llave para que no saliera; me decía que era para que no me pasara nada, y en ese tiempo yo estaba tan mensa que pensaba que lo hacía por amor y no por celos.

Una tarde llegó borracho y me maltrató porque, según él, yo estaba mirando a un hombre por la ventana; eso me hizo reaccionar y me escapé, pero en mi estado no podía correr, así que me alcanzó, me tomó de las greñas y me llevó de regreso a encerrarme de nuevo.

Mi peor error fue haberlo aceptado sabiendo que tenía problemas con la bebida; yo se lo permití desde el primer momento, y ya después no hubo vuelta atrás. Cuando le reclamaba, me prometía que ya no iba a tomar, y yo terminaba convencida de que en verdad iba a cambiar; sin embargo, siempre volvía a lo mismo, y con el tiempo la situación empeoró.

De nuevo me deprimí, pero esta vez me refugié en la Biblia, y también veía la televisión durante horas y horas para no pensar. Lo único que me sostenía con vida era mi embarazo.

Cuando ya se acercaba la fecha del parto, la madrastra de mi esposo le dijo:

-Tráela para acá; ella no puede estar sola, porque si le dan los dolores va a estar mal.

Entonces nos regresamos a la casa de mi suegro, y ahí nació mi hija por la gracia de Dios, porque la verdad es que no teníamos nada; lo único que me pusieron fue un suero, y un vecino que era doctor me iba monitoreando hasta que nació mi niña.

Yo me había ido de mi casa en junio y mi hija nació en febrero; durante todo ese tiempo no había visto a mi papá; una tía de mi marido me contó que él a veces se acercaba y preguntaba por mí:

- Si ven a la hija de Don Luis, díganle que él la anda buscando...

Cuando nació mi hija, empezaron mis celos; nunca lo percibí así, pero hoy puedo ver cómo mi mente me manejaba: yo acababa de dar a luz y quería amor, cariño, atención, algo que nunca tuve por parte del papá de mis hijos; para él, mi bebé era el centro de atención, y yo me sentía abandonada:

- ¿Por qué le das besos a ella y a mí no?

Al tiempo nos fuimos a vivir a la casa de su abuelita.

-Hija-me decía ella- vaya a ver a su papá... A mi nieto no le tiene que decir nada... Vaya a ver a su papá...

Siempre nos estaba aconsejando; un día que nos peleamos y nos pegamos, nos sentó y nos dijo:

-Ya estuvo! ¿Van a seguir así, peleándose y contentándose?

Y mirando a su nieto, le exigió:

-O ya la dejas, o ya te compones!

En casa de la abuelita la vida era así; cuando yo lavaba la ropa, lo hacía como Dios me dio a entender, pero ella me dio sus lecciones de lavado:

- Los pañales de mi niña deben quedar bien blanquitos; ponlos al sol, échale de esto y échale de aquello...

Eso no me gustaba: jamás me habían mandado; odiaba sentirme así, y por lo mismo empecé a no querer estar ahí, pero mi esposo me ordenaba:

-No le digas nada a mi abuela; hazle caso...

Después de tanto tiempo, hoy puedo apreciar lo que ella me enseñó; una de las cosas que aprendí fue a preparar la comida con lo que había:

-Si tu marido no tiene, tú debes pensar qué hacer de comer para ti y tus niños.

La mayoría de las veces habíamos vivido solos, y cuando estuvimos con mis suegros era todo un pinche pleito; nos agarrábamos del chongo por cualquier cosa; hasta cuando salíamos a pasear nos peleábamos. En cambio, viviendo con su abuelita, ella nos ponía a comer a los dos en el mismo plato, porque para eso era la pareja. Fue un cambio radical.

Los días después de mi parto mi esposo no me respetó; él pensaba que eran puros mitos, que no pasaba nada si teníamos relaciones durante esos días, y terminando mi cuarentena quedé embarazada de nuevo, sólo que esta vez el doctor me dijo que era un embarazo de alto riesgo, que tenía que cuidarme.

Su abuelita me tuvo con los pies para arriba en el cuarto donde yo dormía; ella me cuidaba mucho, pero mi esposo no respetaba esas cosas; cuando llegaba borracho sólo quería sexo y ya, y yo siempre cedía para evitar conflictos mayores.

Mi segunda hija nació a mis 17 años; mi papá fue a verme y me aconsejó:

- Tienes que cuidarte; no te vayas a llenar de hijos siendo tan chamaca, porque tu marido es un vago borracho. Piénsalo... ¿A dónde vas a ir parar?

En secreto él le pidió a mi cuñada que me llevara al doctor para que me pusieran "el aparato"; de no haber sido por eso, no sé cuántos niños más hubiésemos tenido, porque la familia de mi esposo era de los que dicen: *"los hijos que Dios nos dé"*.

Peleábamos mucho y nos corrían de todos lados; así estuvimos como pinche pelotita, cuando no con mi papá, con la familia de mi esposo, hasta que llegó un momento en que me dije:

- Esto no es para mí.

Yo quería salirme del círculo vicioso en el que estaba metida; un día por fin logré escaparme y me fui con mis dos hijas a vivir con mi hermana, pero mi hermano al que apodamos La Vieja fue y le dijo a mi esposo en dónde estábamos; él llegó a buscarme con promesas de que todo iba a ser diferente, y uno con esa falta de amor, pues termina creyendo que las cosas de verdad van a cambiar. Regresé.

Un día nos encontrábamos desayunando con mi papá y de pronto a él se le ocurrió decirle a mi bebita:

- ¿Quién es el papá de la niña que está más güerita? Se me hace que es la hija del lechero...

Ese juego inocente de un abuelo con su nieta se convirtió a los oídos de mi esposo en una bomba de tiempo; mi papá con su pendejada lo había llenado de dudas y desconfianza; yo ya había sufrido suficiente abuso físico y psicológico, y ahora tenía que aguantarme a mi marido diciéndome:

-Dime la verdad... ¿quién es el papá de la niña? De todos modos yo la voy a querer, pero dime...

Y así estuvo, chinga y chinga; estaba tan enfermo de los celos que se creaba en su mente historias falsas y las hacía parecer como verdaderas; con eso se justificaba y me manipulaba. No contento con preguntarme mañana, tarde y noche quién era el papá de la niña, llegó al colmo de decirle a ella que no era su hija.

Desesperado al escuchar de mí siempre la misma respuesta, me gritaba:

- Eres una puta! Dónde estuvieras si yo no me hubiera juntado contigo...!

Muchas veces he oído decir que los celos demuestran el amor, pero eso es una gran mentira y la mayor equivocación. La persona celosa simplemente es insegura porque no tiene autoestima, y en el fondo vive atormentada con la idea de que no es merecedora de las cosas buenas que le pasan; por eso teme constantemente quedarse sin ellas.

Esto refleja al mismo tiempo la otra cara de la moneda: las personas celosas, además de inseguras, son posesivas, es decir, en lo más profundo creen que los demás les pertenecen, y por eso reaccionan de forma desmedida cuando creen que los están perdiendo; la mayoría de las veces se trata de un problema que se origina en la infancia, cuando por alguna razón nos hemos sentido excluidos o abandonados, y de forma inconsciente reaccionamos ante el temor de volver a experimentar esas emociones.

Sentir celos es normal hasta cierto punto, pero cuando esa sensación nos lleva a los extremos de dañar a los demás por nuestras inseguridades, es necesario tomar medidas.

Eso lo que ocurre con la mayoría de los crímenes pasionales: siempre hay un trasfondo de posesividad e intransigencia en el agresor, y ya sabemos cómo terminan ese tipo de situaciones.

Vivir con una persona celosa equivale a estar sentado sobre un barril de pólvora; no importa lo que hagas: siempre serás culpable, porque el verdadero problema no está en ti o en tus acciones, sino en la mente del otro.

Otro posible detonante de los celos es el hecho de saber que no estamos actuando adecuadamente, que de algún modo hemos defraudado a nuestra pareja, dándole motivos para querer alejarse de nosotros; en este caso, los celos y el acoso se convierten en la excusa para evadir nuestra responsabilidad, depositando toda la culpa en el otro.

Siendo tan joven yo no comprendía todo esto, y estaba agotada tanto física como emocionalmente de lidiar con los celos enfermizos de mi esposo; hay un nivel de celos "razonable" en toda pareja normal, porque es obvio que existe un deseo de cuidar al otro; el problema surge cuando esto pasa a convertirse en motivo de maltratos, acoso y control. Cuando alguien descubre que ha perdido la libertad y la autonomía por satisfacer a su pareja, debería tomar conciencia y buscar ayuda, pues quien tolera ese tipo de imposiciones puede estar tan enfermo como quien las ejerce; en otras palabras, sin víctima no hay agresor.

Siempre pensé que nunca iba a ponerles un padrastro a mis hijas, pues tenía miedo de que otra persona pudiese abusar sexualmente de ellas, como había pasado conmigo.

Crecí rodeada de violencia, y precisamente por eso me prometí a mí misma que iba a cortar ese ciclo: juré que nunca iba a maltratar a mis hijas, pero tanta presión se juntó dentro de mí, que mi pinche monstruo se despertó y terminé golpeándolas en varias ocasiones. El acoso al que estaba sometida me estaba volviendo loca: no sabía cómo enfrentar esa situación, ni contaba con las herramientas ni los recursos que poseo hoy en día; simplemente mi paciencia comenzó a agotarse y empecé a perder el control.

Uno no imagina el nivel de estrés que se puede llegar a sentir cuando se vive con una persona que es incapaz de controlar sus celos; es como estar atravesando un precipicio interminable, con el riesgo constante de caer. Nunca se sabe en qué momento se puede detonar el conflicto, por una palabra, una mirada, un gesto o incluso un silencio.

Al no poder defenderme, empecé a alimentar mi sed de venganza; yo no era mujer de acostarme con uno y con otro, y le había sido fiel a mi esposo en todo momento, pero él creó esas cosas en mi mente porque se la pasaba chinga que chinga; él y nadie más que él sembró en mí esas semillas negativas, pero yo las aboné y las regué; incluso, hice que crecieran.

Uno de esos días en los que comenzó a ofenderme con sus celos, dentro de mi mente yo también le grité:

-Hijo de tu pinche madre! Vas a ver: para que se te quite esa maldita idea, ahora sí te la voy a hacer: voy a tener un hijo que no sea tuyo cabrón, y te juro que lo vas a querer más de lo que quieres a tus hijas!

Así comenzó una de las muchas venganzas que me harían la mujer más infeliz...

La violencia familiar es un problema social del que mucho se habla, pero del que sabemos muy poco; muchas personas piensan que la violencia sólo implica golpes o maltrato físico con signos evidentes, pero existen otras formas mucho más difíciles de detectar y que generan efectos tal vez más nefastos en quienes las viven.

Si un extraño se acerca a nosotros para hacernos daño, seguramente estamos dispuestos a reaccionar y defendernos sin dudarlo; justamente lo que hace más grave el fenómeno de la violencia doméstica es que los agresores forman parte del círculo vital de las víctimas, y por lo tanto resulta más complejo y difícil establecer el problema y sus límites.

La violencia doméstica puede ser corporal, pero también verbal, psicofísica, e incluso sexual, y se puede dar tanto por abuso como por negligencia; lamentablemente se ha demostrado que es el resultado de situaciones aprendidas, de manera que la historia tiende a repetirse una y otra vez.

La violencia es un estallido emocional producido por el miedo, la ira, el odio o la envidia, y se convierte en una especie de espiral que va del agresor a la víctima, amplificando progresivamente su radio de acción. En otras palabras, alguien tiene que romper el ciclo, pues de lo contrario las consecuencias son impredecibles.

Los seres humanos hemos sido dotados de la capacidad de razonar y decidir; sin embargo, las reacciones violentas tienen la particularidad de que se producen anulando precisamente esas capacidades, llevándonos al nivel más primitivo de nuestra conciencia.

La violencia doméstica es el reflejo del maltrato que han sufrido quienes conforman ese núcleo familiar, pues la persona que agrede está respondiendo de alguna manera a una supuesta realidad que percibe desde sus esquemas mentales y afectivos. ¿Qué tipo de experiencias puede haber vivido un individuo para volverse compulsivamente celoso, o para creer que puede sentirse dueño de la vida de otra persona?

Lamentablemente, tenemos un nivel demasiado alto de tolerancia a la violencia; se podría decir que la vamos asimilando progresivamente y cada vez toleramos dosis mayores sin preocuparnos lo suficiente.

Todos nos escandalizaríamos si vemos a una mujer que ha sido golpeada, pero… ¿qué pasaría si por un momento Dios nos diera el poder de "ver" las almas y las mentes de todas esas mujeres que sufren día a día los golpes morales del maltrato psicológico y emocional?

Durante mucho tiempo yo soporté los distintos tipos de maltrato a los que me sometía mi marido, incluyendo la violencia económica, ya que por su negligencia yo me veía obligada a redoblar mis esfuerzos para sustentar el hogar; debido a mi crianza llegué a pensar que eso era lo normal, y pasó mucho tiempo antes de que comprendiera que debía reaccionar.

Esto es lo que se conoce como el "síndrome de la mujer maltratada", que consiste en un serio deterioro de la personalidad y de la capacidad de interpretar la realidad, ya que la psique busca defenderse ante el maltrato distorsionando los hechos. El problema es que, muy en el fondo, la conciencia conoce la verdad, y por eso la persona experimenta depresión, culpa, carencia de autoestima, rencor y tendencia a las adicciones.

Nadie nos lo dice, pero la violencia doméstica reduce nuestra calidad de vida, y afecta no solamente a la víctima, sino por extensión a toda la sociedad; el maltrato en el hogar se convierte en una especie de sombra que oscurece la convivencia, y muchas veces termina siendo un secreto a voces que se tolera por no romper con las convenciones sociales y el qué dirán.

Necesitamos aprender que la dignidad del ser humano debe estar por encima de cualquier imposición; nada que atente contra nuestra libertad personal puede ser defendido como un valor familiar o social, pero en ese sentido aún nos falta un largo camino por recorrer.

Tanto la guerra como la paz comienzan allí, entre las cuatro paredes de un hogar; desde ahí aprendemos a mirar la vida, constructiva o destructivamente.

5

Entre el "querer"
y el "deber"

Mi hija mayor tenía ya 4 años y había llegado el momento de empezar en la escuela; fue allí donde una de aquellas tardes conocí a alguien con quien tendría una relación extramarital, un padre soltero que estaba en proceso de divorcio, y que todos los días llevaba a sus hijos a ese mismo preescolar.

Durante un año sólo intercambiábamos el saludo; él siempre fue muy respetuoso, pero nunca perdía la oportunidad de lanzarme un cumplido:

-Qué bonita viene usted hoy!

Poco a poco nos fuimos haciendo amigos, y fue inevitable que él se diera cuenta de que a veces yo venía golpeada, que a veces llegaba llorando. Siempre se preocupaba, quería saber qué me pasaba, pero yo lo evadía, porque cada vez que íbamos a conversar a mí me entraba un pinche miedo de que me vieran hablando con él. Por supuesto que sólo íbamos a conversar y que eso no tenía nada de malo, pero yo sabía que si mi esposo se enteraba no lo iba a entender.

Algunas veces el destino insiste, aunque uno no quiera. Yo tenía mucho tiempo esquivando encontrarme con él, pero sucedió que ambos quedamos para formar parte de la Junta Directiva de Padres de Familia en la escuela donde asistían nuestros hijos : a mí me eligieron como vocal y a él como tesorero; fue así como comenzamos a compartir responsabilidades y a tener más convivencia, pues casi todos los días había algún asunto importante qué resolver; me impactó verlo dando opiniones acertadas y aportando soluciones, y así, poco a poco empecé a darme cuenta de que él realmente me gustaba.

No es que este hombre fuera un monumento ni mucho menos, sino que sencillamente era un ser humano encantador: educado, detallista, seguro de sí mismo y de buen corazón, incapaz de ofender o maltratar a alguien, y mucho menos a ninguna mujer.

Mis pasiones comenzaron a despertar de nuevo, y como dicen, se me juntó el hambre con las ganas de comer; ya me había dado cuenta de que tenía el mismo color de piel de mi esposo, y me vino a la mente aquella promesa que le había hecho para castigarlo por sus insinuaciones... Entonces me dije:

- Éste va a ser...

Un día se lo aventé sin más ni más:

- Oye... ¿Sabes qué?... Quiero tener un hijo tuyo...

- ¿Estás loca? Nosotros somos amigos...! ¿Cómo crees?

Las cosas quedaron de ese tamaño; el tiempo siguió pasando, y un día al salir de una de nuestras reuniones escolares, me dijo:

-Está bien... lo que me dijiste... Vamos a hacerlo, pero se va a perder nuestra amistad...

Arriesgamos mucho los dos; había veces que íbamos al parque, y mientras nuestros hijos jugaban, nosotros platicábamos, siempre con el temor de que nos fueran a cachar; lo bueno es que mi esposo siempre estaba borracho, y nunca se dio cuenta de que nosotros andábamos por ahí, jugando a la familia feliz.

Dicen que cuando deseas algo con el corazón, el Universo conspira a tu favor. En ese tiempo yo trabajaba lavando carros, y tuve un accidente: me caí y "el aparato" se me incrustó, así que tuvieron que retirármelo. La doctora me explicó:

-No puede tener relaciones durante unos días, porque puede quedar embarazada.

Así mismo se lo expliqué a mi esposo para que no se me acercara; mientras tanto, mi trato con el Tesorero se hacía realidad: tuvimos intimidad y salí embarazada a la primera.

Yo logré mi venganza y mi esposo ni cuenta se dio, pues cuando ya supe que estaba embarazada me acosté con él, y una semana después le di la noticia.

Mi hija nació en julio, y en el momento en que mi esposo la vio, dijo:

-Qué preciosa mi hija!

Ese mismo día llamé al "Tesorero" y le informé que ya había nacido nuestra niña; él me preguntó que dónde estaba y que si podía visitarme, pero le dije que no, porque estaban mi esposo y su familia.

Hoy en día he reflexionado mucho acerca de las circunstancias que pueden llevar a una mujer a tomar una decisión tan extrema como la que yo tomé. Siempre se nos ha dicho que la fidelidad en la pareja y en el matrimonio es una obligación, pero yo opino lo contrario: para mí, la fidelidad es la consecuencia, el síntoma de que las cosas andan bien.

Ser fiel no significa andar por ahí reprimiendo el deseo de algo que se necesita y no se consigue al lado de esa persona con quien compartes tu vida; eres fiel porque tu pareja te llena tanto que simplemente no sientes la necesidad de buscar a nadie más.

La fidelidad no debería ser una obligación en el matrimonio; la obligación debería ser que cada uno se preocupe por mantener al otro enamorado para siempre, y todo lo demás vendrá por añadidura.

Un año después del nacimiento de mi hija, mi esposo se vino a trabajar a los Estados Unidos y durante un buen tiempo no supimos de él; mientras tanto, era el verdadero papá de mi hija quien estaba pendiente de nosotras y nos llevaba dinero para que pudiéramos subsistir. Nuestra relación paralela duró dos años más, hasta que finalmente él tomó una decisión que me partió el corazón: iba a regresar con su esposa.

Durante todo ese tiempo yo había alimentado la ilusión de que algún día tendríamos un hogar, pero no fue así.; dicen que es uno quien se enamora, pero en este caso fue él quien me enamoró, y yo simplemente no me pude resistir; él ha sido el único que me ha tratado bonito, el único que me compraba cosas, que me daba regalos, que me daba atención, y no solamente a mí, sino también a mis hijas... Todo lo que mi esposo nunca hizo.

No es bueno esperar; no es bueno querer hacer las cosas como te las presenta la fantasía; mi sueño de una vida en común con él se desvaneció en un instante y yo caí en una profunda depresión; ya no sentía ilusión ni esperanzas; me sentí engañada, y de nuevo me consumían los deseos de venganza.

Por si fuera poco, desde hacía varios meses yo estaba buscando empleo, pero no conseguía; en México es muy difícil encontrar quien te dé trabajo con 3 niñas, y menos aún si no tienes una preparación, si no tienes estudios.

En medio de mi necesidad se me presentó una "oportunidad": me ofrecieron trabajar como mesera en un restaurante-bar; yo sabía que para la mayoría de la gente ese no era un trabajo decente, pero fue lo que encontré, y en el momento no tenía opción.

Comencé en ese lugar, pero allí conocí a unas mujeres que me hablaron de otra modalidad en la que podía ganar más dinero. Si de ingresos se trataba, para mí no había más que hablar; decidí unirme a ellas para irme a trabajar como fichera.

Una fichera es una mujer a quien le pagan por acompañar, bailar y tomar con los clientes, y de esa manera garantizar que consuman en el local; no es exactamente una prostituta, pero casi; le falta poquito para llegar ahí. No tengo nada en contra de las compañeras que ejercen ese tipo de oficios, pues las mujeres que llegamos a un lugar como ese lo hacemos principalmente por necesidad, buscando dinero, porque no nos queda de otra.

Cada noche nos íbamos juntas de bar en bar buscando clientes que nos pagaban a cambio de compañía, y nos quedábamos con ellos toda la noche, conviviendo, bailando, cotorreando.

Fue así como acabé convirtiéndome en alcohólica a mis 25 años.

Ese mundo prohibido de las soledades compartidas me mostró la herida abierta que llevamos tantos seres humanos, y que torpemente intentamos sanar a través de los vicios y el desmadre, sin saber que lo único que logramos es hacerla más profunda. Siempre había un momento de quiebre, y el mío era al regresar a mi casa y poner mi cabeza en la almohada; en ese momento me volvía a encontrar de nuevo con mi realidad, y literalmente sentía que el mundo se me venía encima.

Tal vez yo había anclado mi energía vital en el verdadero padre de mi hija, y ahora me sentía incluso más vacía que antes, como si hubiera perdido una pieza insustituible de mi rompecabezas.

Mi película rosa se esfumó y ahora no tenía visión de futuro; sólo pensaba en producir lo necesario para subsistir en el día a día. En ese tiempo mis niñas sufrieron mucho por mis ausencias y mis descuidos; siempre estaba buscando quien me las cuidara, fuera una tía, una amiga, la mamá de la amiga, y hasta mis cuñadas; me acostumbré a echarle mis responsabilidades a otras personas.

Yo estaba, pero creo que era mucho mejor cuando no estaba; trato de imaginar lo que se siente ver a tu propia madre sumergida en el caos y sin poder intervenir; es lo que pasa cuando se nos juntan los conflictos existenciales de la infancia con nuestra vida adulta, pues en esos momentos no tenemos la capacidad de discernir y terminamos lastimando lo que más amamos.

En medio de mi desorden descubrí que me gustaba parlotear con los borrachos, bailar con ellos y oírlos filosofar sobre la vida; eso sí, nunca me pasaba de cierto límite, pues desde el principio les ponía en claro que ese era mi trabajo, pero que no me le vendía a nadie.

En una ocasión, conocía a un hombre muy guapo y enigmático y me convenció de acompañarlo a su casa; me fui con él, pero cuando llegamos al lugar, a mí me entró un miedo terrible... Él vio mi cara de espanto y adivinó mis pensamientos; me tranquilizó aclarándome que no iba a abusar de mí; me di cuenta de que esa noche había corrido con suerte, pero ya no podía seguir jugando a la ruleta con mi vida.

Doy gracias a Dios por haber salido ilesa de esa situación; esa experiencia me hizo reflexionar y tomar medidas de control. Estuve a un paso de caer en la prostitución, pero ese evento me abrió los ojos y pude detenerme justo al borde del abismo.

Mi papá falleció un 2 de julio, y ese día decidí dejar ese trabajo; lo que ya no pude dejar fue el alcohol: seguí tomando, ahora sin horario; no importaba si era lunes, martes o domingo; tomaba en las noches y durante el día, y aunque ya no trabajaba en los bares, siempre estaba borracha.

Fue una experiencia de la que no me siento orgullosa; hoy la analizo y la he convertido en aprendizaje, ya que aquellas circunstancias me permitieron conocer todo tipo de personas: desde jovencitas de 16 años que se prostituían, hasta jóvenes con carrera que estaban estudiando y que hacían striptease para poder pagarse sus estudios...

En el fondo, sentía mucho miedo; pensaba en lo que podría pasar cuando me tocara volver con mi marido, o si él se enterara del desmadre en el que yo andaba, y en medio mi descalabro emocional, yo seguía tomando. En efecto, mi esposo se había enterado de mis andanzas y mandó a mi cuñado a buscarnos, pero su mensaje era claro:

-Si no te vienes tú, igual me traigo a las niñas.

Le dije a mi cuñado que aceptaba viajar con él, pero la verdad era que en el fondo me había gustado estar soltera, poder salir a la hora que quisiera sin tener a quién rendirle cuentas, y sobre todo, sentirme libre de golpes y de abusos. En mi cabeza había concebido un plan para escaparme: aprovecharía esa oportunidad de que me pagaban el pasaje, y al llegar a la frontera me esfumaría. Ya había conseguido contactos y direcciones de personas que vivían en Ciudad Juárez, en Tijuana, y que podían ayudarme...

Dios escucha la verdad de nuestro corazón y entiende nuestras más profundas razones; por eso nos perdona, aunque nuestras ideas sean equivocadas.

Mi plan resultó un completo fracaso, porque durante todo el recorrido mi cuñado tenía a una de mis hijas con él, y era obvio que no me iría sin mis hijas; no me quedó otra opción más que continuar.

Todavía agradezco a Dios no me haya permitido consumar esa otra locura.

Cuando por fin llegamos, mi esposo nos estaba esperando:

-Misión cumplida: aquí están tú mujer y tus hijas...

Allí comenzó una de las etapas más duras de mi vida, pues mientras mi esposo se desvivía por una hija que no era suya, yo seguía sufriendo dentro de mí por la decisión del "Tesorero" de regresar con su esposa. Todavía yo necesitaba aprender mucho sobre lo que es la autoestima y el amor propio; de no haberme venido, es probable que todavía fuéramos amantes, o peor aún, que yo en mi alcoholismo hubiese terminado por prostituirme.

Llegué a los Estados Unidos con deseos de recomenzar; mi plan era empezar inmediatamente a trabajar, pero me di cuenta de que las cosas no eran como las pintan... es mentira: no funciona así.

De entrada, mi esposo vivía con mi cuñada y su familia en un apartamento pequeño de una recámara, con una salita y un comedor; nosotros dormíamos en la sala, y a veces ni podíamos entrar al baño porque quedaba en la recámara; cuando no podíamos entrar teníamos que hacer pipí afuera; fueron tiempos muy incómodos.

El primer trabajo que conseguí fue cuidar a unos niños; los llevaba a la escuela y me daban $ 20 a la semana. Mientras tanto, mi esposo seguía con su hostilidad habitual, y ahora se aprovechaba de que yo no sabía inglés para burlarse de mí y humillarme.

-Suck my d...! – me decía, y todos alrededor se comenzaban a reír. Aunque en ese entonces yo no le entendía, por su cara podía darme cuenta de que no eran buenas palabras.

Siempre fui vengativa, con coraje y orgullo, que no es lo mismo que autoestima y amor propio. Cuando una mujer se ama a sí misma, simplemente no experimenta ese tipo de situaciones, porque no se lo permite a sí misma ni por un instante. Yo en cambio me desgastaba imaginándome la revancha y los detalles de mi venganza.

Recuerdo que en una ocasión me le quedé mirando, y dentro de mí formulé una declaración:

-Vas a ver...- me dije a mí misma- Voy a aprender a hablar inglés mejor que tú...

Así mi mente enferma maquinó la siguiente venganza.

Al tiempo nos mudamos a un apartamento más grande; uno de mis hermanos llegó a vivir con nosotros, junto con mi sobrina y unos amigos de México. Todos pensamos que al llegar a este país se nos van a resolver todos nuestros problemas, pero no es así: al principio toca acomodarse donde se pueda, con gente amiga y familiares, viviendo como pollos, todos ahí encerrados y sin privacidad.

Un día tocaron a mi puerta unas misioneras LDS; yo en México me había bautizado en esa religión esperando recibir el perdón deseado que pregonan los misioneros, pero luego dejé de ir. Como es habitual, las misioneras al verme me preguntaron:

- ¿En qué los podemos ayudar?

Inmediatamente se me prendió el foco y les dije:

- Quiero aprender inglés…

Fueron ellas las que me dieron la información de las clases de ESL, e inmediatamente comencé a asistir. A los meses siguientes mi niña de 3 años comenzó en el pre escolar aquí en USA, en un programa que se llamaba Family Tree, en el que tú ibas con tus niños: nos íbamos por las mañanas.

convivíamos por dos horas y nos daban clases de inglés. Comencé a aprender lo escencial:

-Good morning... Good afternoon... What's your name?

En mi ir y venir conocí a una vecina; ella tenía a una amiga que estaba buscando a alguien para un trabajo de fábrica, así que fui y conseguí el puesto: estuve allí por 3 meses, y durante ese lapso compré cassettes, un walkman y escuché más inglés. Me esforcé por mejorar; mi resiliencia me gritaba:

-Tú puedes!

Al mismo tiempo, una de las compañeras me platicó que había otro lugar donde pagaban mejor; recuerdo que en esa fábrica me pagaban $ 5.15 la hora, y al pasar los tres meses me dieron un aumento de 50 cts. Decidí que la opción de ir con la compañera en busca de mejor salario sería lo mejor; allí trabajaría de noche, tal y como yo quería, porque así podría pasar más tiempo con mis hijas.

Cuando estamos convencidos de lo que queremos y merecemos, el Universo se pone de nuestro lado: al poco tiempo conseguí el empleo en una fábrica de ensamblado durante la noche.

Al principio era algo tan sencillo que no lo podía creer: me iban a pagar por cortar cablecitos! Después empecé a soldar con cautín y con pinza; empecé ganando $ 6.75 la hora; así comenzó mi carrera en la empresa, pero pronto aprendería todo lo necesario hasta llegar a ser la encargada de QC (Control de Calidad). Durante este lapso de tiempo mi vida era muy monótona: de la escuela a la casa, de la casa al trabajo, del trabajo a la casa, y volvía a empezar el ciclo. Así me descubrí aprendiendo a hacer todo lo mejor que podía;; simplemente me aferraba a hacerlo todo mejor que los demás hasta que conseguí mi tan deseado ascenso. En la fábrica trabajaban personas de diferentes nacionalidades: en su mayoría americanos, pero también filipinos, vietnamitas y más.

Trabajé por cuatro años en esa empresa, que se dedica al ensamblaje de cables para aviones, materiales médicos y quirúrgicos; llegué a ser Jefa de Control de Calidad y Supervisora de una línea de producción. El tiempo corría y todo iba de maravilla, pero como suele pasar, nunca falta un pelo en la sopa, y a veces cuando crees que todo está mejor surgen cosas inesperadas para que aterrices y pongas los pies en la tierra.

Un día llegué a trabajar y vi a una compañera llorando; alguien me dijo que la habían despedido... Nunca imaginé que ese sería también mi destino: alguien dio el soplido de que éramos indocumentados y nos corrieron.

6

La dimensión
espiritual del trabajo

Me habían despedido por no tener papeles, porque modestia aparte yo era muy buena haciendo mi trabajo. El día que me fui el jefe me llamó a su oficina y me dijo:

-Arregla tus papeles cuanto antes, para que puedas regresar a trabajar con nosotros.

Después de ese incidente mi vida se convirtió en una búsqueda interminable; conseguía empleos, pero en ninguno duraba, pues el no tener papeles era como un estigma, una sombra que te persigue a donde quiera que vayas.

Estuve de agencia en agencia durante varias semanas, hasta que por fin encontré una en la que me respondieron:

- Aquí no hay problema; te vamos a conseguir trabajo, tengas o no papeles.

Y en efecto, el trabajo comenzó a llegar; lo malo era que se trataba de cosas muy arriesgadas y demandantes que eran desconocidas para mí.

Desde muy corta edad yo me había acostumbrado a ganar mi dinero; esto que me estaba pasando no sería sino otro reto más: en México había trabajado lavando ropa, planchando, vendiendo comida, puse un puesto de pollo, vendí verduras, vendía de todo, desde productos naturales hasta paquetitos de sopa en el mercado… Pero esto era otra cosa.

Me asignaron el área de limpieza de una empresa que fabricaba computadoras; para comenzar, tenía que ponerme un traje como de astronauta y hacer toda la jornada vestida de esa manera bajo el calor de Arizona, que es bien intenso. Yo limpiaba el piso de abajo, donde caían las pequeñas partículas de los microchips, pero tenía que ser muy cuidadosa, pues las computadoras no podían ensuciarse con nada.

Las paredes se limpiaban con alcohol, y había un piso falso entre el nivel de los fabricantes y el suelo, por donde introducíamos una patineta para ir limpiando sin que las pequeñas partículas volaran hacia los microchips.

Este fue uno de mis trabajos más demandantes, tanto por mi claustrofobia como por el riesgo corríamos dentro de este lugar, ya que por ahí corrían unas pipas que contenían ácido, agua y otros químicos; yo vivía estresada y con miedo, pero en ese momento no tenía otra opción.

Aprendí que en la vida no hay nada que se pueda considerar un desperdicio, pues hasta lo que no nos gusta nos puede enseñar una lección; a pesar de que ese fue uno de los trabajos que menos disfruté en mi vida, tengo que reconocer que me ayudó a superar muchos prejuicios y me dio la oportunidad de vencer muchos de mis miedos.

Con esa misma agencia conseguí después un empleo en una compañía de teléfonos, manipulando unos plásticos que salían calientes de las máquinas; tenía que usar guantes dobles para no quemarme, y después acomodarlos en cajitas. Ahí hacía turnos de 12 horas.

Después me dediqué a trabajar con mi esposo y su hermano, haciendo revestimientos de piedra para albercas, que en Arizona se usan mucho debido al calor; yo les acarreaba las piedras, y luego aprendí a usar el esmeril y el cincel; les ayudaba a hacer la mezcla, a cortar y a pegar.

Una vez fuimos a decorar la casa de una señora muy bonita y elegante; estábamos en pleno trabajo cuando ella se me acercó y me dijo:

- ¿Por qué estás haciendo estas cosas? Esto es trabajo de hombres. Ahorita estás joven, pero cuando estés vieja sí que te vas a arrepentir... Mejor acompáñame a la cocina; vamos a platicar...

Ella me contó sus historias, su vida; se llamaba Teresa, y hasta el día de hoy mantenemos nuestra amistad; ella debe tener ahora unos 90 años, pero en ese momento le agradecí que me hiciera ver ese aspecto de mi forma de ser.

En mi vida he hecho literalmente de todo; cuando entré a la secundaria quería estar en el taller de mecanografía, pero me mandaron al taller de dibujo y eso me enojó; entonces el maestro me dio la oportunidad de cambiarme al taller de estructuras metálicas, que no era otra cosa que herrería. Inmediatamente le dije que sí.

En esa clase yo era la única mujer, pero me sentía identificada con ese oficio porque crecí viendo cómo trabajaba mi papá; gracias a ese curso aprendí muchas cosas que luego me fueron de gran utilidad aquí en los Estados Unidos: me enseñaron a soldar, aprendí los diferentes tipos de medidas (centímetros, pulgadas...), y las conversiones entre ellos.

Ese año que estuve aprendiendo herrería en la secundaria, tenía un maestro en la escuela y otro en casa: mi papá. Realmente me hizo ver que ese oficio no era nada sencillo, sino todo lo contrario : hicimos un banco de sentarse, que hasta la fecha existe; después de soldar el círculo con la base, él lo aventaba, y si se abría, me tocaba volverlo a soldar otra vez.

No recuerdo cuántas veces tuve que volver a soldar el bendito banco, pero hoy por hoy soy una experta en realizar puntos de soldadura casi imperceptibles y fuertes como una roca. Afortunadamente he sido siempre muy terca y persistente; las palabras "*no puedo*" nunca han existido en mi vocabulario.

Tal vez si en aquel entonces yo hubiese decidido esperar, habría entrado en el curso de mecanografía, y más tarde quizás me hubiera convertido en secretaría, como lo soñé de niña, pero en lugar de eso, tomé justamente el camino contrario.

En aquella época me sentía fuera de onda, y hasta un poco decepcionada de la vida; cuando estamos así, nos saboteamos nuestros propios sueños sin darnos cuenta: era tanto mi resentimiento con la vida y con todo, que terminé haciendo trabajos de hombre.

Sin embargo, no me quejo, pues ese aprendizaje me hizo fuerte e independiente, y sin saberlo, me preparó para vivir aquí.

Siempre fui muy competitiva, y aún hoy en día lo soy. Si quieres conseguir algo de mí, rétame a que no lo hago y verás!

Lo que sí ha cambiado en mi presente es el concepto de "*ganar*", pues a lo largo de mi vida descubrí que muchas veces el salirme con la mía no era exactamente lo más conveniente para mí, y eso me llena de satisfacción.

Muchas veces nos retan para provocarnos, sabiendo que por soberbia no nos vamos a quedar de brazos cruzados, pero al final sólo terminamos cayendo en la trampa de hacer lo que otros esperan que hagamos, haciéndonos creer que fuimos nosotros quienes triunfamos.

Esas sutilezas que nos permiten descubrir y lidiar con las verdaderas intenciones encubiertas de los demás es lo que se conoce como *inteligencia emocional*, y en este momento de mi vida estoy convencida de que es la única que me interesa, la única que necesito y que deseo cultivar.

Una de las estrategias que mejor me ha funcionado para manejarme con inteligencia en el campo emocional ha sido precisamente el tratar de ir más allá de lo evidente; por lo general nos dejamos impresionar por lo que vemos o por lo que escuchamos, pero si esperamos un poco más, comenzaremos a discernir los verdaderos sentimientos, pensamientos y emociones que se esconden detrás de una primera impresión.

A medida que fui creciendo, comencé a descubrir un sentido distinto en las cosas que hacía; siempre he trabajado en labores sencillas que me han generado mucha satisfacción, no sólo porque yo sabía que las hacía muy bien, sino también porque me daban independencia personal y económica, haciéndome dueña de mi vida, de mi potencial y de mis capacidades, además de darme la oportunidad de sentirme útil a la sociedad.

Siempre he pensado que todo lo positivo que hacemos, por pequeño e insignificante que parezca, es una semilla de eternidad; es así como las personas nos van a recordar, y de esa manera seguimos estando presentes en la conciencia de los demás cuando nos vayamos de este mundo.

El trabajo es una especie de acto de magia, pues nos permite transformar nuestros talentos y capacidades en acciones que generan un beneficio a la humanidad, y al mismo tiempo se nos retribuye con recursos para cubrir nuestras necesidades; creo que una de las cosas que más he disfrutado de mis múltiples trabajos es que yo los he convertido en mi tiempo de meditación: he resuelto innumerables situaciones mientras me encuentro concentrada en mis labores; es como si mi cerebro encontrara las conexiones correctas precisamente en esos momentos en los que mi atención está enfocada en otra cosa.

No importa si estoy lavando o planchando la ropa de los demás, o si estoy ensamblando piezas en la fábrica de cables: siempre pienso que lo que estoy haciendo es único, y única también es mi manera de realizarlo, así que siempre me siento satisfecha y orgullosa de lo que sea que me encuentre realizando.

Con el tiempo he aprendido que el trabajo que hacemos es el laboratorio donde nos desarrollamos como individuos; en él podemos experimentar y equilibrar el *ser*, el *hacer* y el *tener*, que son las 3 dimensiones que definen nuestro proyecto de vida.

Nuestras metas definen el tener, pero las estrategias que debemos implementar para lograrlas definen el hacer; finalmente, el ser es nuestra esencia, eso que aflora en todas las acciones que ejecutamos y que nos convierte en seres humanos únicos e irrepetibles. Sin embargo, es necesario tomar en cuenta que estas tres dimensiones deben guardar coherencia entre sí; esto significa que el *ser* debe estar alineado con el *hacer* en función del *tener*; esto significa que si queremos algo "de la boca para afuera", es decir, sin que nuestro *ser* esté plenamente convencido de ello, probablemente abandonaremos la idea en el camino.

El trabajo es una forma de *tener*, una forma de *hacer* y una forma de *ser*; es como un idioma en el que podemos dialogar con el mundo desde lo que cada uno es, y también constituye una vía para auto-conocernos.

Yo puedo decir que a través del trabajo logré sanar en buena medida mi falta de autoestima; comencé a percibir que lo que hacía me permitía ganarme el aprecio y el respeto de los demás, dándole a mi *ser* la certeza de *tener* un valor en este mundo.

No menosprecies lo que haces, ni te menosprecies a ti mismo por seguir la voz de tu corazón; muchas veces nos sentimos presionados por nuestros amigos, por nuestra familia, por la sociedad y hasta por nosotros mismos para hacer determinadas cosas, porque nos han dicho que son "importantes", porque pueden darnos prestigio y reconocimiento, o porque los demás no esperan menos de nosotros; es probable que cedamos ante la presión y terminemos realizando esas actividades durante un tiempo, pero tarde o temprano nuestro *ser* saltará por la ventana buscando su propia verdad.

Lamentablemente, hemos perdido nuestra capacidad de asombro, y nos hemos acostumbrado a ver lo maravilloso como simple ; sin embargo, muchas de las cosas que consideramos "normales" son verdaderos milagros cotidianos; todo lo que rodea nuestro día a día es el resultado del trabajo de alguien, del esfuerzo de alguien, de la voluntad de alguien puesta al servicio de sus semejantes: desde la almohada en la que recuestas tu cabeza al dormir, el grifo que giras para que salga el agua de la ducha, el café que te tomas por la mañana y hasta la tasa que usas, el periódico que lees, los maestros que esperan a tus hijos en la escuela... Todo es el resultado de una cadena interminable de beneficios que nos damos como aportes los unos a los otros.

El ser humano es cuerpo y es mente, pero también es alma, y así mismo funciona en todo lo que hace. En el caso del trabajo, por supuesto que hay un nivel físico, material, concreto y tangible, pero también está la esfera sutil de las emociones, de la satisfacción, de las ideas, del sentirse capaz.

Lo que activamos cuando desarrollamos nuestro trabajo no son solamente nuestro cerebro o nuestros músculos, sino también todo lo que somos como personas: nuestros pensamientos, nuestros temores, nuestras expectativas, nuestra capacidad de servicio y de entrega a los demás, nuestras aspiraciones; todos necesitamos sentir que nuestro trabajo tiene sentido, y esto dependerá del balance entre lo que damos, lo que esperamos y lo que recibimos, no sólo en términos financieros o laborales, sino también en cuanto a nuestra realización personal, que es un ingrediente indispensable para la felicidad.

Es un error pensar en el trabajo simplemente como una forma de obtener ingresos

económicos, porque en realidad es mucho más que eso, y prueba de ello es la necesidad que todos tenemos de sentirnos identificados con lo que hacemos; todos queremos dedicarnos a hacer algo que nos guste, que hagamos bien y que, además de generarnos un sueldo o unas ganancias, nos permita sentirnos satisfechos y orgullosos de nosotros mismos, sin importar si eres el gerente del restaurant o el encargado de lavar los platos.

No cabe duda de que el trabajo es una parte muy importante de la vida, y como tal, debemos aprender a realizarlo con equilibrio: no es la idea trabajar por simple obligación, porque no hay más remedio y porque es el destino que nos tocó, pero tampoco es conveniente que se convierta en el centro de nuestra existencia, por encima de nuestra familia, de nuestros hijos y hasta de nosotros mismos.

Un autor que explica muy bien la importancia de nuestra relación con todo lo que realizamos es Abraham Maslow, quien dice que todo lo que hacemos los seres humanos es para satisfacer distintos tipos de necesidades, pero no todas tienen el mismo grado de importancia. De hecho, Maslow lo explica a través de la forma de una pirámide:

En la base, que es la zona más amplia, estarían las *necesidades básicas o fisiológicas*: alimentación, vivienda, vestido, salud; en otras palabras, todo lo que debemos satisfacer para mantenernos con vida.

En el siguiente nivel se encuentra la *necesidad de sentir protección y seguridad*; por eso cuando buscamos un empleo, queremos contar también con beneficios como un seguro o una pensión, pues en general buscamos contar con garantías de bienestar como individuos dentro de la sociedad.

Cuando todo lo anterior ya está cubierto, aparecen las denominadas *necesidades sociales*, que nos llevan a identificarnos con un grupo o a una comunidad, a tener una pareja, familia y amigos, y en general, a establecer relaciones armoniosas con los demás.

Luego aparece la necesidad de *reconocimiento*: el sabernos apreciados y aceptados en base a nuestras acciones.

Y finalmente, en el punto más alto de la pirámide, se encuentra la necesidad de *realización personal,* es decir, el sentido que cada quien le encuentra a su propia vida.

Una persona realizada no hace nada por obligación o por necesidad, sino que sigue la voz de su corazón, y se dedica a realizarse en lo que su *ser* desea, es decir, el verdadero sentido de su vida, esa intención que guía nuestros pasos en la búsqueda de una trascendencia a través de nuestras acciones en esta Tierra; es nuestra motivación más profunda, el combustible que nos impulsa a seguir adelante en cualquier circunstancia.

No es sencillo mantenerse en el camino una vez encontrado, pues las condiciones del día en día nos empujan muchas veces a tener que posponer nuestros más profundos deseos, quedando atrapados en la rutina de la simple sobrevivencia: trabajar para vivir para trabajar...

El auto-descubrirnos parece habernos revelado el secreto para una vida plena, sana y feliz, porque tu desempeño en el mundo te retroalimenta y mientras más das, más te nutres; la fórmula de oro consiste en identificar aquello que amas hacer, tu pasión, algo en lo que realmente eres bueno (vocación), pero que al mismo tiempo pueda ser tu medio de subsistencia (profesión), y que te permita sentir que estás siendo útil al mundo (misión).

De esa manera tu *ser* encuentra su sentido, y tu conciencia experimenta la felicidad; por supuesto que juntar todos estos factores no es una tarea fácil; incluso podemos pensar que es una tarea imposible de lograr en la vida real; sin embargo, constituye un buen punto de partida para guiarnos en el proceso de ubicarnos significativamente a través del trabajo que realizamos.

No importa cuánta estabilidad material, afectiva o emocional tengas en tu vida; si tu paso por este mundo no deja las cosas mejor que como las encontraste, siempre vas a tener un vacío dentro de ti que se puede convertir en un desánimo de vivir.

Muchos expertos afirman que el momento de la existencia en el que tenemos una mayor conexión con nuestro *ser* es en la infancia; algunos consiguen mantener esa claridad a lo largo de toda su vida, pero la gran mayoría la perdemos debido a las imposiciones y los patrones que nos inculcan; para muchos, tener esa claridad puede convertirse más bien en un ideal, un modelo que nos oriente en nuestros pasos para tratar de encontrar el equilibrio vital entre quienes somos y lo que hacemos.

7

Cada instante, una eternidad

Mi vida fue complicada porque yo me la compliqué; por ser tan permisiva y dejar que me pisotearan; no importaba lo que me dijeran, yo siempre me quedaba callada, pensando y creyendo que debía ser humilde, que debía ayudar y comprender a los demás.

Como se dice, yo era la "queda bien": complacía a todo el mundo, menos a quienes debía; descuidé a mis hijos, y en varias ocasiones hasta los abandoné por estar ayudando a otras personas.

Sé muy bien que no soy la única que ha caído en esos errores; la diferencia es que otros no lo comentan. Todos queremos aparentar ser la familia feliz, la familia que está bien, pero de la puerta para adentro es donde se vive la realidad; ahí no nos podemos engañar.

En la iglesia nos decían que un buen cristiano tiene que predicar con el ejemplo, pero... ¿dónde queda el ejemplo cuando tu propio hogar es un desmadre?

Hoy veo mis errores y me pregunto:

- ¿Qué hice? ¿Dónde estaba? ¿Cuándo comencé a permitir todo ese caos?

Regreso a mi vida, a mis recuerdos, y empiezo a ver que desde muy niña siempre estuve suplicando amor, rogando un abrazo... Esas carencias duelen, pues el rechazo que sentimos nos llevan a tener un concepto equivocado de nosotros mismos, y terminamos haciendo lo mismo en la vida adulta: rogando para que nos quieran.

Así actuaba yo con mi esposo: dejándome pisotear por mi falta de autoestima y amor propio. El día que lo encontré con otra mujer en mi propia cama no hice un escándalo, no chillé; sólo le dije:

- Vete... Ya no más!

Entonces me di cuenta de que no lo amaba. En realidad nunca lo amé; lo que me llevó a estar con él fue el pretexto de salir de mi casa, y ahora lo único que le pedía era que se fuera y me dejara en paz.

Un problema que se crea en un segundo puede necesitar de años para resolverse, y eso era exactamente lo que me estaba pasando a mí en mi matrimonio; algunas veces fantaseaba con retroceder el tiempo hasta el instante en el que años atrás me acerqué a aquel muchacho lleno de conflictos y lo saqué a bailar.

La infidelidad in fraganti de mi esposo me había dado la excusa perfecta para pedirle que se fuera de la casa, pero él era un experto manipulador, así que las cosas no fueron tan fáciles.

Por supuesto que mis hijas amaban a su papá, y con su astucia habitual él se aprovechó de eso para involucrarlas en el conflicto de acuerdo a sus propios intereses:

-Su mamá quiere que me vaya de la casa…

Ellas no paraban de pedirme que lo perdonara; en ese entonces ya eran unas adolescentes, así que yo decidí hablarles en su propio idioma: las senté y les pregunté:

113

- Si él fuera el esposo de ustedes, y les hubiera hecho lo que él me hizo a mi... ¿lo perdonarían?

- Noooo!- respondieron ellas inmediatamente.

- Muy bien! Y entonces, ¿por qué quieren que yo lo perdone?

Ellas se quedaron en silencio, mirándose desconcertadas; siempre he pensado que la adolescencia es como un segundo nacimiento, en el que nos corresponde aprender la empatía, es decir, el reconocer que los demás también existen, y que tienen necesidades y sentimientos al igual que nosotros.

Tener que lidiar con todas estas tensiones emocionales en medio del caos me tenía muy desgastada; para ese momento yo me había quedado sin empleo y estaba muy presionada financieramente, y para colmo mi esposo me chantajeaba con matarse si yo lo dejaba.

Realmente me sentía muy confundida. Aprovechándose de mi debilidad, él decidió atacarme por donde sabía que yo era más vulnerable: hizo que el Obispo me llamara para conversar. Yo pensé:

-Magnífico! Así se aclara todo y ya me deja en paz...

Lo que no imaginé fueron las palabras que iba a escuchar.

-Hermana Inés... ¿Acaso te crees más grande que Jesucristo?

Esa pregunta me dejó desconcertada.

-Por supuesto que no! - le contesté yo, y él continuó:

-Pero eso es lo que me estás dando a entender al negarte a perdonar a tu esposo; si tú te crees más grande que Jesucristo, juzga y condena al hombre con el que te casaste, porque Jesucristo nos da, no una, sino infinitas oportunidades ...

Mientras escuchaba al Obispo, la voz de mi propia conciencia gritaba dentro de mí:

-Pero... Si tú le hiciste a él algo peor...! ¿Por qué no lo vas a perdonar?

El Obispo se me acercó, y en un tono más dulce, como para causarme compasión, agregó:

-Yo veo que tu esposo está arrepentido, te está pidiendo perdón y te ha dicho que va a cambiar... Míralo! Ya hasta se cortó el pelo, y a mí me ha prometido que si lo perdonas va a venir a la iglesia contigo... Tú estarías salvando su alma!

-Es verdad...-me dije a mí misma- Yo no tengo moral para reclamarle nada; tengo que darle la oportunidad de cambiar...

Decidí que continuaríamos juntos y empezamos a ir más seguido a la iglesia; entonces salí embarazada por cuarta vez.

Mi esposo y yo nunca tuvimos una relación bonita, de enamorados; yo dormía en una cama con las niñas y él dormía sólo en el cuarto de al lado, y cuando quería estar conmigo simplemente me llamaba por teléfono:

- Estoy con ganas... Ven para acá...

Después que nació mi hijo nos metimos de lleno a la iglesia y al trabajo; mi objetivo para ese entonces fue terminar de pagar la casa, hacerme de ahorros y salir adelante con mis hijos.

Siempre he sido muy comprometida con mis sueños; llegué a tenerlo todo: casa, carro, dinero, trabajo... Sin embargo, no era feliz.

Por mucho tiempo había manejado ideas equivocadas; una de ellas fue el despilfarrar dinero compensando el cariño y el amor que por falta de tiempo no podía darles a mis hijos; a mi esposo no podía decirle que no; siempre se salía con la suya: que si el carro, que si esto, que si aquello... Yo nunca le puse un alto.

Además, estaban mis malas creencias:

- El dinero es malo... El dinero corrompe... El dinero es sucio... El que quiere más no se siente agradecido con lo que Dios le ha dado...

Esos complejos no me dejaron planificar para hacer algo en bien de mi futuro. A mis 50 años lo único que he hecho es trabajar, y aun así no tengo nada ahorrado; siempre invertí mis recursos económicos para ayudar a los demás: que si alguien tenía problemas de dinero en México, que si alguien se quería venir... Resolvía para todos, menos para mí.

No me arrepiento de haber ayudado a los demás, pero ahora comprendo que nosotros también merecemos pensar en nuestros propios deseos y necesidades.

Estando en Arizona comenzaron a ponerse feas las cosas para los inmigrantes indocumentados, pues querían deportarnos a todos; esa situación me hacía vivir con un miedo constante de no saber qué nos iba a pasar; mis hijas eran jovencitas, yo no podía obligarlas a vivir encerrarlas, pero cada vez que salían yo no sabía si las iba a parar la policía, si iban a regresar…

Tal vez el estrés que me generaba esa situación hizo que me enfermara; lo cierto es que estuve 3 meses sin poder trabajar debido a una infección por MRSA (*Estafilococo Aureus*); es una bacteria que te come la piel y los órganos: te sale como un granito y se va expandiendo, se infecta y crece.

Por si fuera poco, para esos días mi esposo también se había quedado sin trabajo; teníamos que encontrar una solución, porque estábamos pasando por muchas dificultades económicas; habíamos perdido la casa que habíamos comprado, pues no pudimos cumplir con los pagos de la hipoteca; tampoco teníamos cómo pagar una renta, pagar los carros ni mucho menos un seguro; fueron meses de locura.

Contacté a un primo mío que vivía en Utah y él me dijo:

-Vénganse para acá; conmigo van a estar bien… Aquí van a encontrar trabajo, y también pueden salir adelante… Aquí les ayudamos!

Así lo hicimos: vendimos lo poco que nos quedaba y nos mudamos para Utah.

Las primeras en conseguir trabajo fueron nuestras hijas; gracias a ellas pudimos mantenernos y pagar una renta; nos instalamos en un sótano que a mí se me hacía horrible después de haber tenido nuestra propia casa. Era un lugar muy frío y oscuro, pero era lo único que en ese momento podíamos pagar.

Por otro lado, aunque la relación con mi esposo estaba de nuevo mostrando sus fracturas, habíamos decidido casarnos por la iglesia. Toda mujer, hasta la más implacable, tiene una niña soñadora escondida en lo más profundo de su ser; es ella la que conserva toda la ternura, la sutileza y la capacidad de soñar, pero cuando esa niña es lastimada, la mujer sufre.

Uno de los recuerdos más dolorosos de mi vida surgió precisamente a raíz de mi casamiento. No importa qué tan fuerte e independiente sea; lo que más quiere una mujer en la vida es casarse, y yo no era la excepción. Yo quería un lindo vestido blanco y largo para ese día especial, pero cuando se lo comenté a mi esposo, él no me dijo ni sí ni no; simplemente me respondió:

-Como tú quieras...

Para mí, esa respuesta fue un no rotundo; esas palabras me dolieron hondo, pues me demostraron que él no sentía nada especial por mí. Me sentí herida, pues mi mente pensó que quizás no lo merecía; cuando creces con los prejuicios de una sociedad hipócrita y escuchas que si no eres virgen no mereces casarte de blanco, te la crees.

Sin embargo, ya no había vuelta atrás; llegó el día de la boda en el templo y yo me casé con un vestido cualquiera que me compré yo misma.

Por su parte, él no se veía para nada entusiasmado de casarse conmigo; parecía estarlo haciendo "más a huevo que de ganas", es decir, por obligación.

Hace poco leí que los hombres ofrecen amor para conseguir sexo, y que las mujeres damos sexo para conseguir amor; me pareció un análisis muy interesante, con la salvedad de que en mi caso no había funcionado la ecuación ni al derecho ni al revés: nunca hubo amor, y en cuanto al sexo, tuvo que pasar mucho tiempo hasta que yo pudiera comprender el significado de esa palabra en mi vida.

Algunas veces nos acostumbramos al dolor de las heridas que llevamos sin sanar; y sólo cuando cicatrizamos es que podemos reflexionar el sufrimiento.

El día de la boda, antes de la ceremonia, nos quedamos a solas en una sala con el sellador, y de acuerdo con el protocolo él nos indicó:

-Si hay algo de lo que ustedes tengan que hablar, algo que tengan que decirse, cosas que tengan que aclarar, háganlo ahora, antes de casarlos.

Ese momento ya forma parte de la ceremonia de casamiento, sólo que se realiza en privado porque involucra asuntos que sólo incumben a la pareja y que no deben ventilarse en público; era el momento perfecto para sincerarme y confesar lo que había hecho, pero me di cuenta de que aún no estaba preparada para enfrentarme a las consecuencias de mis actos; mis miedos pudieron más que mis remordimientos, y simplemente me quedé callada.

Los instantes que transcurrieron después de las palabras del sellador se me hicieron eternos; finalmente, al ver que aparentemente no había nada qué aclarar, el sellador nos unió frente a mi familia y los invitados.

Mientras el ministro hablaba, yo pensaba:

-Perdóname Señor, por ser tan humana... por cometer errores como humana... por sentir dolor y rencor como humana... Perdóname por mentir para no hacer más daño...

Mi esposo y yo habíamos comenzado a ir a la iglesia para enmendar una infidelidad, porque el obispo supo cómo manipular mi sentimiento de culpa, y casi inmediatamente yo salí embarazada; para el momento de sellarnos ya mi niño había cumplido 2 años.

Al salir de la ceremonia yo me sentía muy mal; había tenido la oportunidad de redimirme -no con mi marido, sino con Dios-, y la había dejado pasar.

Me dolía seguir con él engañándolo, pero... ¿cómo decir semejante verdad?

-Te puse los cuernos; tengo una hija que no es tuya...

Como toda mujer, yo había soñado con la felicidad, pero en lugar de eso había llegado a este punto de mi vida en el que no sólo no era feliz, sino que además estaba bien madreada.

Un poco en broma y un poco en serio, antes de casarnos por la iglesia mi esposo solía repetir:

-Yo me casé... A mí me casaron...

Y tenía razón… Yo forcé las cosas desde que lo conocí, y cada vez me convencía más de que todo había sido un gran error.

Para el casamiento no habíamos encontrado mi acta de nacimiento y me casaron con la fe de bautismo, pero ahí aparezco como María Inés.

-No te preocupes- le decía yo a mi esposo- que tú te casaste con María Inés.

Inconscientemente, yo comencé a inventarme justificaciones y pretextos para convencerme de que mi matrimonio no tenía validez; es increíble la capacidad que tenemos los seres humanos para engañarnos a nosotros mismos!

Me sentía profundamente desdichada, y nuevamente empecé a caer en depresión.

Yo había salido de México sin despedirme del Tesorero, a pesar de que yo sabía que me estaba llevando a su hija y que tal vez no la volvería a ver; al tiempo me enteré que en cada Navidad él iba a buscarme a la casa de papá, y a pesar de estar viviendo con su esposa, durante 15 años mantuvo la esperanza de que yo hubiera regresado.

No sabía en qué momento mi vida se había convertido en esa interminable ola de mentiras e infidelidades que a su vez me estaba asfixiando.

Por lo general siempre somos las mujeres las que perdonamos una traición, pero cuando es a la inversa las cosas no funcionan de ese modo; yo vivía cuestionándome a cada momento; me sentía atrapada en mi propia trampa.

A veces pienso que las relaciones son como unos contenedores en los que de pronto nos vemos "atrapados" junto a personas a las que creemos conocer, pero que tarde o temprano dejan salir su lado oscuro... su verdadero yo... al igual que nosotros.

Me sorprende ver lo poco que me conocía a mí misma; muchas cosas que yo ni siquiera imaginaba de mi naturaleza más profunda comenzaron a revelarse desde que comencé a compartir mi vida con mi esposo, pero eso es lo que ocurre cuando nos casamos siendo tan jóvenes e inexpertos: lo malo de jugar con fuego es que para quemarse no hay edad.

Que dos personas se sientan atraídas mutuamente, y que logren establecer una relación, es prácticamente un milagro; lamentablemente, la rutina y el desamor terminan convirtiendo la magia del matrimonio en un campo de batalla, y la relación de pareja termina reducida a una lucha (a veces muy desleal) de poderes; tal vez todavía tenemos muy arraigada en nuestras mentes una idea de pareja vinculada al concepto de propiedad: al casarnos, cada uno cree haberse convertido en el dueño del otro, y ese tal vez sea el primer gran error que se comete en todo matrimonio.

Cuando algo es de tu propiedad, no necesitas cuidarlo, porque pase lo que pase, ahí va a estar para ti cada vez que quieras; no me parece exagerado afirmar que muchos caballeros prestan más atención a sus autos que a sus esposas, y si lo digo es porque he sido testigo de esa realidad.

Ojalá las personas logremos comprender que el amor es el verdadero milagro, y que el lazo que une a dos personas que se aman puede ser tan resistente o tan frágil como ellos decidan que sea.

Uno de los grandes problemas de nuestro tiempo es el desamor que se vive de forma muy dramática y particular en las relaciones de pareja, haciendo que nos invadan las frustraciones y rencor. Es así como un día, inevitablemente nos damos cuenta de que estamos durmiendo con el enemigo, y entonces empezamos a perfeccionar todas las estrategias para lastimar y causar daño a quien en algún momento creímos "el amor de nuestras vidas".

Por si fuera poco, las cosas no terminan ahí, ya que lo peor de este tipo de situaciones es que nos van llenando de ansiedad, de inseguridades, de violencia, de dolor, y esas mismas emociones se las transmitimos a nuestros hijos, generando una cadena de infelicidad que se prolonga de generación de generación.

He llegado a pensar que lo más doloroso de mi experiencia con el Tesorero fue al mismo tiempo lo más hermoso que hubo en nuestra relación: nunca llegamos a vivir juntos, y por lo tanto nunca tuvimos tiempo para decepcionarnos el uno al otro; era tan poco lo que podíamos compartir que siempre nos reservamos lo mejor de cada uno, y aprovechábamos al máximo cada instante compartido.

Esa sensación de que lo nuestro no iba a ser "para siempre" era lo que nos hacía vivir la eternidad en cada instante, respetarnos y valorarnos como si cada vez fuera la última. Tal vez por eso en el fondo nunca he podido odiarlo; la película se detuvo en una escena bonita, y así es como la recuerdo.

Creo que el secreto para permanecer al lado de alguien está en no dar nada por sentado; cada día es necesario reconquistarse de nuevo... Cada día es necesario enamorar y enamorarse de nuevo.

8

Desnudando
el corazón

Ya habían pasado 3 meses desde que habíamos llegado a Utah, y ni mi esposo ni yo habíamos logrado conseguir trabajo; ya estábamos a punto de entrar en pánico cuando por fin nos hablaron de una compañía de limpieza dedicada al aseo de edificios y oficinas, y allí nos contrataron a ambos. Nos pagaban por contrato y la suma era buena, pero ni así nos alcanzaba para cubrir todos nuestros gastos; yo me sentía ahogada.

Me busqué un segundo trabajo en las mañanas, y comencé a insistirle a mi esposo para que hiciera lo mismo; él lo intentaba por unos días, pero como queriendo sin querer; no hacía más que poner excusas, y al final sólo se quedaba trabajando conmigo en los edificios; todo lo demás tenía que resolverlo yo.

Por alguna razón me contrataron para hacer la limpieza en un edificio donde dormían los estudiantes de una escuela de choferes; las habitaciones eran tan pequeñas que sólo tenían dos camas y un espacio reducido para caminar; la verdad es que eran más parecidas a las cabinas de los camiones que a un cuarto, pero había un a fila enorme de baños con sus regaderas y todo lo necesario para descansar con comodidad.

Ahí conocí a la señora Mari; nos hicimos muy amigas, y cuando entramos en confianza, ella comenzó a hacerme ver la realidad:

- Inés… tú trabajas en las noches, y ahora también en las mañanas… ¿Y tu marido qué?

Mi vecina Elena también me decía.

-Inés, ¿por qué te aguantas esto? ¿Qué ejemplo les estas dando a tus hijas?

En el fondo, yo sabía que todos tenían razón, pero es que así me habían educado y para mí eso era lo normal; yo no sabía cómo hacer las cosas de otro modo.

Crecí viendo a mi mamá, una mujer muy fuerte, casi indestructible, trabajando de sol a sol en el campo o en la cocina de un restaurante, sin cansarse nunca, luchando para darles una vida a sus hijos, mientras mi papá nunca llegaba con el mandado porque se quedaba emborrachándose en cualquier esquina con sus amigos...

Quién iba a decir que la historia que tanto me hizo sufrir se estaba repitiendo de nuevo, esta vez conmigo; esa era la misma vida que teníamos mi esposo y yo.

Durante mucho tiempo estuvimos sin que él aportara lo suficiente a la casa, porque se lo gastaba en vicios: tomaba, fumaba, etc...

Al tiempo se regeneró, pero entonces se fue al otro extremo: en lugar de salir a trabajar, decidió encerrarse a leer la Biblia, mientras yo me dividía para cumplir con todas nuestras obligaciones.

Tuve que hacerme cargo de todo, pero aun así no le exigía nada, no le pedía nada; prefería morir callada y dejar que el resentimiento me quemara por dentro.

Cada vez estaba más enojada con él, y poco a poco comencé a alejarme; nuestra relación se volvió más fría y distante de lo que desde siempre había sido. Por las noches yo rezaba para que él se quedara dormido, porque si me llamaba yo no podía negarme, aunque sintiera repugnancia...

- Por favor Dios, haz que se apure! Que termine ya! Que se me quite de encima!

Después iba corriendo a darme un baño, porque no soportaba ni siquiera su olor; definitivamente, ahí no había amor.

Uno deja pasar cosas importantes por querer seguir adelante, pero tarde o temprano ese peso que arrastramos nos va a impedir avanzar. Cuando recién nos juntamos, él ya tomaba, pero yo no quise darme cuenta; preferí pensar que era algo pasajero, porque mi único interés era irme de mi casa, y yo creí que él era mi única opción.

Se acostumbró a llegar borracho y agarrarme dormida; yo debería escribir un libro sobre lo que es el abuso sexual dentro del matrimonio; muchas veces crees que porque eres la esposa siempre tienes que complacer a tu marido, servirle y dejar que él se sirva, sin importar lo que tú sientas o lo que deseas, lo que te gusta y lo que no.

Eso hacía él: se servía y me dejaba sin nada, pero yo no reaccioné; así pasaron los años, y nada había cambiado desde entonces.

No sólo los hombres están equivocados con respecto a lo que es la intimidad, sino incluso nosotras también, porque creemos que se trata de una obligación, y por eso ellos no nos enamoran ni nos motivan, y nosotras no aprendemos a exigirles.

Durante toda mi vida eso fue lo que conocí, y eso era lo que yo creía normal; luego conocí al Tesorero y descubrí lo que era disfrutar mi sexualidad; esa fue la razón que me hizo aferrarme a él de la forma en que lo hice.

Él me trataba diferente, hablaba conmigo en armonía, me daba flores, me llenaba de atenciones... Gestos que mi esposo nunca tuvo conmigo.

Los seres humanos necesitamos comprender que el órgano sexual más importante es la mente; el secreto de todo buen amante no es otra cosa que saber encajar en los vacíos del otro y completarlo, al menos por un instante.

Cuando entendí que todo había terminado entre el Tesorero y yo, decidí, rota como estaba, venirme a este país;

de ingenua pensé que al llegar a los Estados Unidos todo iba a cambiar, pero las cosas aquí no eran tan fáciles como las pintaban, y en cuanto a mi matrimonio, todo seguía siendo igual.

Hubiera querido que el mundo tuviera una ventana para poder saltar.

Un día le pregunté a mi esposo por qué nunca me daba flores, y su respuesta fue:

-Las flores te las llevo al panteón cuando te mueras.

Crecemos escuchando una sarta de mamadas, incoherencias que nos repiten tanto la sociedad como la religión; recuerdo que de niña, mi mamá me obligaba a arrodillarme frente a Cristo Crucificado y me decía:

-Él murió por tu culpa...

Yo veía a ese hombre ensangrentado, con cara de sufrimiento y dolor, y pensaba:

- ¿Por mi culpa? ¿Y yo qué hice?

Otra de esas afirmaciones poco lógicas es que el matrimonio es para toda la vida, o como lo dice la religión LDS, para toda la eternidad.

Ojalá las cosas pudieran ser así!

Creo que nadie se casa con la idea de que luego se va a separar; todos deseamos una relación lo suficientemente plena como para durar en ella toda la vida sin sentir deseos de huir, y yo no era la excepción.

Cuando llegué a Estados Unidos, después de haberla regado tanto, me entusiasmé otra vez con la idea de casarme y empezar a hacer bien las cosas; nuevamente veía ante mí la oportunidad de tener una familia "para toda la eternidad".

Esos mensajes te programan, te agarran, y tratas de hacer las cosas de acuerdo con ellos: buscas quedar bien con todo el mundo, que la gente hable bien de ti, que digan en la iglesia que tienes el matrimonio perfecto, la familia feliz...

Así nos veían!

Mi esposo fue Secretario de la iglesia del barrio, y después fue Consejero del Obispo; yo estaba en pleno servicio en la iglesia, primero como Presidenta de la Sociedad de Socorro, después Presidenta de Primaria y Consejera de la Sociedad de Socorro; así pretendíamos una vida de perfección fingida, de la que en realidad estábamos muy lejos de ser.

Cuando mis hijas empezaron a tener novio, mi esposo sentaba a los muchachos y les hacía un cuestionario:

-Tienes mamá?

- Si...

-Tienes hermanas?

-Si.

-Así como respetas a tu mamá y a tus hermanas, respetarás a mis hijas.

Si el aspirante a novio no cumplía estos requisitos, sus palabras eran tajantes:

-No quiero que vuelvas por aquí.

A los ojos de todos, él era el padre ejemplar, un modelo a seguir; yo por mi parte no olvidaba sus borracheras, sus golpes, sus abusos. Después que empezamos a ir a la iglesia, supuestamente hubo cambios, pero él no dejaba de ser autoritario, ni yo permisiva.

Todo lo que él decía se hacía, y yo nunca rezongaba:

- Háganle caso a su papá

Cuando yo era niña, teníamos costumbres bien estrictas; mi madre nos decía:

-Tu papá viene a comer a las 2 de la tarde.

Y a esa hora, el que no estaba en la mesa no comía. Fui educada de esa manera: a las 8 de la mañana se desayunaba, a las 2 de la tarde se almorzaba y a las 8 de la noche se cenaba; después que murió mi madre, mi papá decía con sartén en mano:

-A comer!

Y el que no estaba, ni modo...! Al que le tocó, le tocó.

Aprendí que en mi casa y en mi vida se hacía lo que dijera mi papá, y a mis hijas les inculqué lo mismo:

-Pregúntenle a su papá... Lo que su papá diga...

La falta del sentido de tu propio valor es algo que comienza en la infancia, y luego se reafirma con cada cosa que haces en tu vida; una mujer que no sepa cuál es su verdadero valor seguramente va a terminar involucrada en una relación con un hombre que le reafirme la idea de que ella no vale, y le hará creer que necesita "merecerse" su amor y su atención.

Cada 2 años la religión mormona pide que renueves tu recomendación para entrar al templo, pues ese privilegio es exclusivo para aquellos que demuestran estar puros de pensamiento, palabra, obra y omisión.

Entrar al templo simboliza ingresar a un espacio sagrado de intimidad con Dios, y de igual forma, es allí donde se transmiten las enseñanzas más elevadas de nuestra fe; es por eso que la condición primordial para poder entrar al templo es mantener el orden divino en todos los aspectos de nuestra vida. De la misma manera en que toda celebración mundana tiene sus protocolos y su etiqueta, las cosas de Dios merecen y exigen el mismo cuidado y respeto.

Para poder entrar al templo es necesario tener una recomendación que debe estar debidamente firmada por el Obispo y el Presidente de Estaca, para lo cual se requiere asistir previamente una entrevista personal en la que se revisa minuciosamente el estatus de dignidad de nuestra vida. La entrevista se realiza en privado y bajo juramento de discreción respecto a todo lo que se haya conversado en ella.

Las palabras del Obispo al iniciar la entrevista nos recuerdan el carácter sagrado de esa conversación:

"Usted ha venido a verme para obtener la recomendación para entrar en el templo; yo tengo la responsabilidad de representar al Señor al entrevistarlo. Al terminar la entrevista, debo poner mi firma en la recomendación; pero la mía no es la única firma importante para que su recomendación sea válida, sino que usted también debe firmarla. Al firmar su recomendación, usted hace un compromiso con el Señor de que será digno de los privilegios que se otorgan a aquellos que la poseen. La persona que entra en la casa del Señor debe encontrarse libre de todo acto inmundo, impío, impuro o anormal. Hay varias preguntas que tendré que hacerle, y debe contestar a cada una de ellas con honradez..."

Al final de la entrevista, el Obispo agrega:

¿Hay alguna razón por la que usted se sentiría incómodo o quizás incluso deshonesto con el Señor si tuviera que firmar su propia recomendación para el templo? En ese caso... ¿Le gustaría disponer de un tiempo para poner en orden algunos asuntos muy personales, antes de firmarla? Recuerde que el Señor lo sabe todo y no será burlado. Nunca mienta para tratar de obtener un llamamiento, una recomendación o una bendición del Señor".

Antes de entrar al templo te preparan en entendimiento: tienes que saber lo que se hace ahí dentro y respetar los convenios que se realizan; debes ser capaz de comprender las ordenanzas y demostrar que eres digno de entrar en ese espacio.

A mí me inculcaron desde niña el respeto por lo sagrado; yo sabía lo que había hecho, y aun así me casé en el templo sin decir nada. Esa verdad me estaba atormentando, porque yo podía haber engañado a mi esposo y a mi hija que no era de él, pero de ninguna manera podía engañar a Dios. No había un día en que no reflexionara acerca de todo el desmadre que se puede generar en un instante.

Mi cuarto hijo ya iba a cumplir sus 8 años y yo estaba a punto de recibir la tercera recomendación, pero esta vez exploté.

Le dije al Obispo que tenía algo que confesar... que una de mis hijas no era de mi esposo... que estaba harta de que él no quisiera trabajar... que estaba harta de sus excusas... que estaba harta de tener relaciones por obligación... y que estaba harta de estar fingiendo en la iglesia.

A veces me hubiera gustado poder conformarme con mi vida, pero hay cosas en las que no puedo hacer concesiones, y una de ellas es la libertad; como dicen, mis derechos terminan donde comienzan los tuyos, pero en mi caso yo tenía que aplicar esas palabras al revés: los derechos de mi esposo terminaban donde empezaban los míos!

Eso era algo que yo necesitaba aprender, porque estaba hasta la madre de los abusos, pero no sabía cómo actuar para que no se repitiera siempre lo mismo.

La sociedad ha utilizado muchas estrategias para convencer a las mujeres de que nuestra entrega y nuestras obligaciones no tienen límites, como tampoco los tienen los derechos y abusos de los hombres; incluso nuestras madres también lo creyeron, pero nosotras somos una generación-bisagra: en nosotras se produce ese quiebre de conciencia, en el que las cosas ya no vuelven a ser como las conocíamos.

Cada vez es más evidente que aunque las mujeres y los hombres tenemos naturalezas diferentes, contamos con el mismo potencial; ninguno de los dos es superior al otro, sino que somos más bien complementarios: tanto ellos como nosotras tenemos mucho que aportarnos mutuamente en todo lo que hacemos.

No tiene sentido que las mujeres estemos buscando abandonar nuestro espacio de actuar desde lo femenino, porque ese es nuestro rol en el mundo, y no significa que seamos más débiles o menos importantes que los hombres; nosotras también soñamos, también sentimos, también tenemos deseos y aspiraciones personales que van más allá de nuestra misión en el hogar, y al igual que los hombres, necesitamos y merecemos libertad y autonomía para crecer y desarrollarnos como personas.

Muchos esposos inseguros de sí mismos temen darles a sus compañeras ese espacio de crecimiento personal, pues piensan que de esa manera las están dejando libres para hacer "lo que se les venga en gana"; no saben que una mujer libre y realizada va a ser una excelente esposa y madre, porque se va a sentir satisfecha consigo misma. Una mujer llena de frustraciones sólo puede ofrecer maltratos y rencor, pues sentirá que su realización individual ha quedado en el olvido.

Una de las cosas que más me ha costado comprender es el hecho de que la iglesia se ponga del lado de los hombres en los asuntos relacionados con la discriminación hacia la mujer; no creo que nosotras tengamos que asumir todo el tiempo el papel de sumisas, eso es algo con lo que no estoy de acuerdo, pues para algo existe la razón, la capacidad de pensar y comprender. Obedecer ciegamente significa no tener la posibilidad de decidir conscientemente acerca de las cosas, y ese nunca ha sido el rol de la mujer en la historia de la humanidad.

Muchas mujeres se quedan en un matrimonio infeliz, soportando maltratos y humillaciones y sufriendo carencias de todo tipo, porque sus esposos no han desarrollado la madurez necesaria para llevar los pantalones en el hogar, es decir, apoyar y proteger a su mujer y a sus hijos, proveer todo lo necesario para que no les falte nada, garantizarles calidad de vida y estabilidad.

¿Por qué ellas no deciden hacer algo al respecto?

La respuesta es muy sencilla: porque sus propias madres, o las figuras importantes para ellas, les dicen que necesitan un hombre que las represente, que deben quedarse junto a sus esposos sin importar lo que pase, que deben resistir, que deben sacrificarse por el matrimonio y por sus hijos…

Se supone que los esposos se casan para mantenerse unidos "hasta que la muerte los separe"; eso es lo ideal para preservar los valores en la familia y en la sociedad, pero para que eso sea posible sin que el matrimonio se convierta en una prisión es necesario un cambio de mentalidad tanto en los hombres como en las mujeres, porque la fidelidad no debe verse como un decreto o una imposición, sino más bien como el resultado del amor.

Cuando hay amor, hay autoestima y respeto; cuando hay amor, hay libertad y confianza; cuando hay amor, no es necesario buscar a nadie más.

Si las personas entendiéramos eso en lugar de acosar, perseguir y atormentar a nuestras parejas, estoy segura de que habría menos divorcios, menos sufrimiento y menos infidelidades en este mundo.

9

"Para siempre"
es ahora…!

A lo largo de mi vida he desempeñado innumerables trabajos, pero por alguna razón el marketing siempre ha sido una constante; una de las cosas que más me ha funcionado ha sido vender productos naturales por catálogo, tal vez porque en el fondo las personas realmente se preocupan por su salud.

Lo mejor de este tipo de mercadeo es que lo puedes realizar mientras desempeñas otro tipo de trabajos; eso era justamente lo que yo estaba haciendo cuando me dieron el empleo en la escuela de choferes.

Un día llegó un chavo nuevo; yo lo saludé e inmediatamente le entregué un catálogo:

-Yo vendo de esto- le dije.

Él lo agarró, lo hojeó y sin decirme nada me lo devolvió, pero unos días después volvió a venir, y en esa ocasión yo andaba vendiendo unos productos de limpieza facial. Le di un jabón de muestra mientras le indicaba:

-Cuando estés bien cansado te lavas la cara con esto... Verás que todo se te va a quitar.

Esta vez no sólo se lo llevó, sino que también anotó mi número; así fue como empezamos a platicar y nos hicimos muy amigos. El chavo era mexicano, y aunque los mensajes que intercambiábamos era muy normales, yo sentía una conexión especial entre los dos.

Un día me lo encontré bastante estresado por el trabajo; su cara de pocos amigos hablaba por sí sola, pero yo como siempre lo saludé:

- Qué onda compadre... ¿cómo estás?

-Bien- me respondió él, pero con unas ganas que nadie se las creía.

Entonces tuve un impulso y me acerqué para darle un abrazo:

- ¿Qué te pasó? - le pregunté, mientras sentía una descarga eléctrica tremenda.

Empezamos a platicar de sus problemas, luego pasamos al tema de la música, y hasta terminó regalándome unos CD´s que al día de hoy aún sigo escuchado.

Con el tiempo comenzamos a tenernos cada vez más confianza; él siempre me decía:

-Esto parece tu casa: vengo en las mañanas y aquí estás; vengo al mediodía y aquí estás; vengo en las noches y aquí estás…

En efecto, yo trabajaba ahí en las mañanas de 8 a 12, después me iba a limpiar un edificio en otra zona; regresaba en la tarde durante 2 horas y luego me volvía a ir, y en la noche regresaba desde las 8 hasta las 2 de la mañana. Sólo iba a mi casa a medio comer y medio dormir, pues estaba entregada completamente al trabajo; en ese tiempo teníamos demasiadas deudas y yo no podía darme el lujo de parar.

Al verme tan atareada, un día él me preguntó:

- ¿Y tu marido? Porque tienes marido… ¿no?

-Sí, si tengo…

- ¿Y dónde está?

Yo dudé por un instante antes de responder...

- Es que... Tenemos problemas...

Comencé a desahogarme con él; le conté sobre mi matrimonio y todo lo que me sucedía: que no era feliz... que vivía con mi esposo, pero a la vez no vivía... que casi no teníamos intimidad...

Eran situaciones que normalmente una mujer le contaría a sus amigas, pero eso era algo que yo tampoco tenía; sólo contaba con él para conversar.

En una de esas pláticas, un día él me preguntó:

- ¿Dónde venden comida rica?

-En mi casa- le respondí yo.

Así comenzó una amistad que más tarde se convertiría en algo más; para ese entonces yo llevaba años sobria, pero un día entre risas y charlas me preguntó:

- ¿Me podrías llevar a comprar unas chelas?

- Claro! - respondí.

Yo pensé que no tendría nada de malo, pero ese día recaí. Andaba con la cabeza revuelta, pues había pasado poco tiempo desde mi última conversación con el Obispo, y aunque él me había aconsejado no decir nada, no me había dado la recomendación y ya mi esposo había comenzado a preguntar. Se dio cuenta porque yo debí salir de la oficina del obispo con una tarjetita y no la tenía: desde ese día no dejaba de preguntarme:

- ¿Por qué no te dieron la recomendación? ¿Qué fue lo que hiciste? ¿En qué andas metida?

La duda se había apoderado de él y cada vez se ponía más inquisidor; llegué al punto de no querer pisar la iglesia, y mientras tanto seguí bebiendo para soportar la presión. Refugiarse en el alcohol para huir de los problemas es como querer apagar la sed tomando agua del mar: las cosas solamente van a empeorar.

No podía creer que yo misma me hubiera puesto en la disyuntiva tan terrible que estaba viviendo; lo peor de todo era que mi recaída en el alcohol me dio el valor que me hacía falta y hablé de más sin importarme el dolor que causaría mi estupidez de borracha; el haber consumado mi venganza no me hacía sentirme mejor, sino todo lo contrario: cada vez que miraba dentro de mí, me sentía más vacía e incompleta que nunca.

La venganza es como subir a una montaña muy alta: te concentras tanto en llegar a la cima, que sólo entonces es cuando caes en cuenta de que ahora tienes que bajar.

Yo sabía que no había forma de salir del agujero sin lastimar a muchas personas, y eso era lo que más me dolía de mi propia actitud; me sentía cercada por mis propias acciones, pero tarde o temprano iba a tener que reconocer la verdad.

Primero fue lo del Tesorero; ahora lo del chavo mexicano, y a todas estas, yo seguía con mi esposo en la misma casa... Sentía que todo era un complot de Dios o del Universo jugando conmigo, como si yo fuera una marioneta.

En uno de esos días me había puesto nostálgica y había hablado con el Tesorero; aún recordaba el teléfono de su mamá y lo contacté. Todas mis emociones se juntaron; todo se empezó a mover...

Una tarde me puse a tomar tequila en el trabajo, y al llegar a mi casa bajo los efectos del alcohol, exploté con mi marido:

- ¿Sabes qué? No me dieron la recomendación porque le dije al Obispo la verdad: que tengo una hija que no es tuya...

Él quedó en shock; su respiración bajó y tuvieron que llamar a los paramédicos; para mí esto no era más que otro de sus frecuentes chantajes, pero mis hijos no lo veían así:

- Papá está así por tu culpa; si le pasa algo, tú serás la responsable!

Yo les respondí:

-Todo esto es un show, porque le dije la verdad y le pedí que se fuera de la casa, pero si él no se va me iré yo!

Y así fue; terminé yéndome a vivir a un cuarto que renté cerca de la casa; durante el día iba a ver a mis hijos y en la noche me iba a dormir a mi cuarto; así estuve por 2 largos años, y mientras tanto seguía mi relación con el chavo mexicano, sólo que esta vez ya no me quería esconder: les dije claramente a mis hijos que ya no quería estar con su papá y que me iba a divorciar.

A los días mi hija me dijo que mi esposo había escrito una carta diciendo que se iba a suicidar si yo no regresaba; yo estaba hasta la madre de sus manipulaciones, así que les dije que él no se atrevería, que sólo quería llamar la atención.

Uno de sus múltiples chantajes era decirme que yo era suya hasta la eternidad.

-Perfecto...! –le decía yo- Nos vemos en la eternidad...

Entramos en un dime y direte, porque yo quería que mis hijos se vinieran a vivir conmigo, pero como toda mujer con miedos, le temía al juicio por la custodia de nuestros hijos. Yo no soportaba ver cómo él los convertía en motivo de chantaje, y por eso decidí dejar que ellos tomaran la decisión; para ese momento él ya había hecho muy bien su papel de víctima: ante los ojos de algunos de mis hijos, yo era culpable... Y así me sentía.

Decidí no llevar las cosas a mayores y abandoné la idea de ir donde un juez; de todos modos para mí ya no había vuelta atrás.

-Que se queden con el- pensé- Si eso es lo mejor, adelante!

Dios sabe que lo hice para ahorrarles más sufrimiento a mis hijos; ellos no tenían la culpa de todo ese desmadre, y no era justo vernos peleándonos por ellos como si fueran los muebles de la casa.

¿Cómo le pides a un hijo que divida su corazón?

Las mujeres tenemos que enfrentar una infinidad de niveles de discriminación en la familia y en la sociedad, y esto incluye el señalamiento por atrevernos a romper con el círculo de violencia.

Digan lo que digan, una mujer maltratada es vista con lástima, pero también con negligencia; en cambio, la que se libera y rompe los barrotes, será señalada en silencio como una libertina (puta). Es la triste realidad.

Para el momento de nuestra separación mi esposo y yo aún trabajábamos juntos; afortunadamente al poco tiempo le dieron empleo en un deshuesadero de carros con un americano que lo ayudó mucho; el obispo lo convenció de ir a terapia, pero a pesar de eso él no dejaba de chantajearme:

- Si me dejas me mato...

En realidad esto no era nada nuevo, pues sus celos enfermizos lo llevaban a suponer cosas que no eran, y yo siempre terminaba cediendo a todo con tal de que se calmara; una vez hasta se había puesto un taladro en la cabeza para amenazarme, y yo por supuesto vivía con el Jesús en la boca, pero esta vez yo estaba decidida:

-Si te quieres matar, mátate! Muérete! No me importa; yo no soy responsable de tus decisiones ...

Lamentablemente, muchas personas convierten sus relaciones de pareja en una lucha de poder, y el chantaje emocional es una de las estrategias más comunes para controlar al otro haciéndose pasar por víctima, o mediante amenazas y actos violentos.

Por definición, toda relación en la que uno de los dos busca tener el control del otro es tóxica; sin embargo, ese control puede tomar distintas formas, y ese es justamente el problema.

En una pareja donde la violencia es evidente, resulta claro para la víctima y hasta para el entorno que la rodea que existe una situación de maltrato que se debe controlar; en cambio, la violencia emocional es mucho más difícil de detectar, no sólo para la víctima, sino también para el enfermo: la víctima de violencia emocional suele estar convencida de que es ella quien ejerce el maltrato, cuando en realidad es quien lo está sufriendo.

El chantaje emocional es una forma de manipulación en la que una persona utiliza el sentimiento de culpa para forzarnos a hacer las cosas que quiere; en otras palabras, el manipulador nos hace responsables de su sufrimiento e infelicidad, pero no lo hace de manera frontal, sino adoptando el papel de víctima. Por lo general, las personas manipuladoras aparentan ser las más correctas y equilibradas, y de esa manera todos terminan dándole la razón; es por esto que también pasa desapercibida para el entorno.

Lo más difícil a la hora de enfrentar este tipo de situaciones es que, CONSCIENTE o INCONSCIENTEMENTE, todos tenemos una tendencia a culparnos de algo, y es por eso que se nos hace terriblemente difícil salirnos del círculo de manipulación, pues el sentimiento de culpa que todos traemos alojado en el SUBCONSCIENTE y que se genera desde nuestra infancia, funciona como un imán para el chantaje emocional.

Si queremos que este tipo de situaciones dejen de ocurrir, debemos comenzar por respetar a nuestros hijos y permitirles que expresen libremente sus verdaderas emociones y sentimientos, pues de esa manera será mucho más difícil que alguien pueda manipularlos.

En el caso de mi matrimonio, era evidente que estábamos atrapados en el círculo vicioso de la manipulación; como toda mujer joven, inexperta y sin autoestima yo había cometido uno tras otro todos los errores que se deben evitar para contrarrestar la manipulación al momento de vivir en pareja.

Desde que nos mudamos juntos, mi esposo y yo manejamos cuentas mancomunadas; yo siempre quise ahorrar para invertir en planes y en sueños que teníamos, pero él no respetaba nuestros acuerdos, y se gastaba el dinero de ambos en lo que a él se le antojaba; en ocasiones tuvimos que pagar sobregiros al banco debido a malas decisiones que él había tomado sin consultarme, pero que de todos modos yo terminaba consintiendo.

Una de las primeras cosas que hice cuando empecé a vivir sola fue separar nuestras finanzas; desde ese momento cada quien se hizo responsable de sus gastos; él tenía su cuenta y yo la mía, él enfrentaba sus problemas y yo los míos.

Mi vida cambió porque yo me atreví a cambiar; me convertí en una persona muy distinta a la Inés que siempre había sido; organizando mis finanzas descubrí que podía lograr lo que siempre había querido: pude comprarme mi carro, pude independizarme, y todavía sigo trabajando en ello: mis finanzas han aumentado, y con ellas mis posibilidades de lograr mis sueños.

Cuando llegué a Utah, una de las cosas que hice fue repartir tarjetas ofreciéndome para limpiar casas; en algunas ocasiones me llamaron y yo fui junto con mi esposo, pero ahora me estaban llamando de nuevo, y esta vez iría sola, pues por fin ya nos habíamos separado.

Al principio sentía un poco de miedo; me preguntaba cómo iba a arreglármelas sin ayuda, pero comprendí que no podía retroceder: ya había decidido creer en mí, y ahora el único camino posible era hacia adelante.

- ¡Vamos Inés! - me decía- Tú sabes que puedes hacer esto y más!

Limpiaba edificios durante la semana, y los sábados limpiaba casas; al principio era sólo una por semana, pero rápidamente fueron apareciendo más y más casas para limpiar; a veces dormía en mi carro 15 minutos, y me despertaba para seguir trabajando; eso no era vida, pero no había opción: tenía que hacerlo por mis hijos.

Las recomendaciones no dejaban de llover, y antes de lo que hubiera pensado tuve que dejar los edificios y quedarme sólo con la limpieza de casas. Ya para ese entonces tenía 4 clientas fijas; una de ellas, Cindy, me aconsejó:

-Inés: tu objetivo va a ser limpiar una casa por día; vamos a trabajar en conseguirlo...

Ella fue una de las primeras personas a las que les limpié su casa, y hasta el día de hoy aún lo sigo haciendo; siempre me preguntaba por el avance del trabajo, siempre me motivó y creyó en mí; al igual que ella, todas las personas que han estado conmigo desde mis inicios siguen siendo mis clientes, y me siguen recomendando una y otra vez.

Las cosas positivas se multiplican cuando se convierten en generosidad: cuando vi que yo no podía sola con tantas ofertas de empleo, supe que tenía la oportunidad de generar trabajo, y fue cuando comencé a contratar personal.

Actualmente tengo 4 empleados; he tenido muy buenas trabajadoras; todas se han convertido en mis amigas y de todas he recibido grandes enseñanzas. Rossy, una de las primeras muchachas que trabajó conmigo, siempre me decía:

- Inés... yo no entiendo por qué te complicas... Con una casa que limpies resuelves tu problema... ¿Para qué te estresas?

Yo le respondía:

- Si sólo tuviera una casa para limpiar, no podría darte trabajo; si tengo dos casas, te doy trabajo a ti; si tengo tres casas, te doy trabajo a ti y a alguien más.

Son maravillosos y terribles a la vez esos benditos momentos en los que la vida nos lanza fuera del nido para que aprendamos a volar. No sé por qué, pero hasta la mujer más independiente y luchadora pierde la perspectiva de su propio poder cuando vive en pareja; es algo que necesitamos observar, porque nunca sabemos en qué momento las cosas van a dar un giro: las relaciones pueden terminar, alguno de los dos puede faltar por múltiples razones, y es necesario recuperar la capacidad de enfrentarse a la vida de forma individual.

"Para siempre" no existe; en todo caso, la eternidad se vive en cada momento, y esa es la conciencia que necesitamos recuperar para vivir la vida despiertos; de lo contrario, las maravillas y los milagros se suceden ante nuestros ojos como los diamantes de un collar, pero no somos capaces de notarlo.

Cuando se habla de una mujer empresaria, todos se imaginan a una dama muy fina y elegante descendiendo de una limousine sobre una alfombra roja; sin embargo, yo descubrí que el verdadero sentido de esa palabra tiene que ver con el compromiso personal que se establece consigo misma; con la constancia y el respeto hacia la propia persona y hacia lo que se hace.

En una sociedad no todas las personas podríamos estar dedicadas a lo mismo, porque el ser humano es tan diverso como sus posibilidades y sus necesidades; me siento feliz y orgullosa de contribuir desde mi emprendimiento a sustentar el día a día de otras personas, haciendo su vida más agradable y poniendo mi granito de arena para que puedan desempeñarse en armonía.

De las muchas cosas que he aprendido en el contexto del marketing, uno de los conceptos que más ha llamado mi atención desde la primera vez que lo escuché es el de *ganar-ganar*; me sorprendió, porque era totalmente distinto a lo que siempre me habían enseñado, que era: *"si yo gano, no me importa nadie más"*.

Yo pienso que el concepto de *ganar-ganar* es una de las claves para darle un giro más inteligente al mundo que habitamos, pues a diferencia de lo que erróneamente hemos creído, al dar no perdemos, sino que multiplicamos posibilidades.

Cuando somos capaces de dar sin reservas, desde el corazón, generamos una onda expansiva de buena voluntad que se amplifica y que sólo puede traernos prosperidad.

10

Amar en libertad

Mi vida laboral se estaba encaminando a través de mi propio emprendimiento; cada vez surgían más casas para la limpieza; sin embargo, yo aún tenía mucho que sanar en mi vida personal. Decidí hacer un stop para revisar algunos aspectos relacionados con mi salud; entre otras cosas, fui a hacerme unos chequeos médicos y me dijeron que mi salud era la de una mujer de 70 años, aunque yo apenas tenía 40.

Para nadie es un secreto que la forma en que nos sentimos internamente se refleja en nuestra salud en general; hemos creído erróneamente que nuestro cuerpo, nuestra mente y nuestro espíritu son cosas independientes; que cada uno va por una vía diferente y que no se comunican mucho entre sí, pero en realidad es todo lo contrario: esas tres dimensiones están vinculadas estrechamente; son inseparables, así que no es posible reparar una dejando de lado las demás.

Literalmente, en ese momento de mi vida yo me veía como me sentía: viejita, acabada, devastada... Así me habían dejado por dentro y por fuera todos mis años de matrimonio... Había mucho qué reparar.

Desde que lo conocí, el chavo mexicano me había ayudado a superar muchos de mis traumas; el día que le di el primer abrazo sentí esa conexión de almas que siempre había visto en los libros y en las películas, pero que nunca había experimentado en la vida real: esa luz, esa energía que choca y piensas: *Te encontré!*

Durante mucho tiempo, cada vez que yo escuchaba a otras mujeres hablar sobre sus relaciones de pareja, me sentía como una extraterrestre: no tenía la menor idea de todo lo que ellas compartían con sus esposos, con sus novios, con sus amantes... A veces lloraba al pensar que me iba a morir sin experimentar esas cosas tan bonitas que anhelaba en lo más profundo de mi corazón, aunque no me atreviera a decirlo.

Cuando lo conocí, mis compañeras del trabajo me decían:

-Está casado, pero no capado, y de todas maneras su esposa vive en otro lugar... Ve con él, nosotras te cubrimos...

En el fondo no me gustaba la idea de estar saliendo con un hombre casado como yo, pero ellas me insistían, y las cosas con mi esposo seguían de mal en peor. Yo pensaba en mi pacto con Dios, en la iglesia, el haberme sellado por el tiempo y la eternidad; todo eso me detenía, pero por otro lado estaba la vocecita del pinche diablo metido entre las patas, y encima mis amigas diciéndome:

-¡Hazlo! Ve con él...

Empecé a darle más entrada a mis deseos; yo quería descubrir lo que era tener buen sexo, pero al mismo tiempo necesitaba superar mis propias barreras.

La primera vez que él trató de besarme, me hice a un lado; yo sentía las mismas ganas, pero me frenaban mis tabúes, mis valores y mis inseguridades.

Un domingo me pidió que lo llevara a comprar comida; fuimos en mi carro, con ese miedo de que la situación entre los dos pudiera ir más allá, y al mismo tiempo con esa seguridad de saber a lo que vas. Les dije a mis amigas que saldríamos a comer y ellas me cubrieron en el trabajo; en efecto, comimos, compramos unas cervezas, empezamos a tomar… y pasó lo que tenía que pasar.

Por fin supe lo que era tener un sexo loco, insaciable, ese de no querer soltarse; para mí era una experiencia totalmente nueva… Yo no lo podía creer! Ese día estuvimos juntos por más de 3 horas, y aún no dejábamos de desearnos; entendí que el principal ingrediente para un sexo de película es nada menos y nada más que el amor.

Terminamos sudados, despeinados y felices; descubrí lo que era que un hombre complazca a una mujer, que se tome el tiempo para explorarla, para descubrirla, para enloquecerla.

Yo le había contado que nunca había tenido orgasmos, que era una mujer seca, llena de traumas, pero él me había dicho:

- Eso es porque no has conseguido al hombre que te descifre; conmigo contarás los orgasmos…

Yo pensé que sólo lo decía por cumplir; sin embargo, la siguiente vez que nos vimos me demostró que no mentía; descubrí todo el placer que yo podía sentir y todo el que podía dar; hasta ese día había sido una mujer a medias; me di cuenta de que los seres humanos necesitamos de otro ser para realizarnos plenamente.

Ese día bromeando le dije:

- Y ahora que no somos compadres, ¿qué vamos a ser?

-Pues vamos a ser amantes-me respondió

-Pues sí... Ya qué! -le dije yo.

Él me aclaró que no iba a ser todo el tiempo, pero yo le respondí:

-Casi nunca tengo relaciones, así que no tengo problemas con la frecuencia.

Mi sorpresa fue que a los 3 días regresó y nos echamos otro pinche agarrón. Me sentí feliz al darme cuenta de que por fin había llegado ese conocimiento a mi vida; ahora ya podía conversar sobre sexo sabiendo qué decir con propiedad.

Esos cambios me enseñaron a apreciar mi vida, mi sexualidad, incluso las relaciones que había tenido antes; descubrí ese nuevo mundo con mi ex - compadre, y para mí se volvió una adicción; nunca fue un sexo tranquilo; siempre fue así, alborotado.

Sentí que renací; mi semblante cambió y todos lo notaban; incluso mi peso bajó en unos meses de 250 libras a 160.

El sexo oral siempre me había provocado náuseas, pero con él aprendí a disfrutarlo; compartimos eso y otras cosas que sólo se comparten con la persona que amas, porque a veces uno lo hace por hacerlo, pero no porque le guste, y hacerlo por placer es totalmente diferente.

La sexualidad es otra de esas cosas que la sociedad ha convertido en una mercancía, haciéndonos creer que existe "una" forma correcta de hacerlo y que todo lo demás está fuera de onda.

He llegado a la conclusión de que el sexo sincero y honesto es la forma que encontramos los adultos para seguir siendo niños; cuando consigues a esa persona especial que antes de desnudar tu cuerpo ha desnudado tu alma, no caben las imposturas ni las falsedades.

Es una lástima que muchas parejas se dejen absorber por la rutina y los compromisos, y vayan dejando que la llama de la pasión se apague poco a poco; por eso es que vemos tantos matrimonios rotos, tantas miradas tristes y tantas soledades compartidas.

El sexo es mucho más que un asunto genital: es una dimensión que abarca todos los aspectos de nuestro ser como humanos, aunque muchos se empeñen en reducirlo únicamente a un simple impulso fisiológico; lo lamento por ellos!

Como todo en la vida, el sexo no funciona bien en los extremos: la carencia de sexo no es recomendable, pero tampoco el exceso; lo ideal es mantenerlo equilibrado, sin desvincularlo de las otras esferas de la vida y de la pareja.

Señores: No se tiene buen sexo para ser feliz; se es feliz y por eso se tiene buen sexo.

No existe algo que se pueda considerar una receta universal para tener buen sexo, pero creo que hay factores que definitivamente influyen positivamente en la experiencia; uno de ellos es el nivel de comunicación que exista en la pareja, precisamente porque no hay en el mundo dos personas iguales, y tampoco hay muchos telépatas capaces de leer la mente de sus amantes; la comunicación es uno de los ingredientes más importantes de una intimidad plena.

En mi experiencia, eso no era tan sencillo de lograr, pero mi ex - compadre me hizo sentir confiada; con él podía ser yo sin represión ni tabúes; yo no estaba acostumbrada a expresar lo que pensaba ni lo que sentía, y siempre tenía temor de ser cuestionada o rechazada por mostrar mis puntos de vista, pero afortunadamente mi amante era uno de los hombres mejor plantados que he conocido en cuanto a autoestima y amor propio, y en esa medida se tomó el tiempo necesario para ayudarme a mí a superar las innumerables trabas que yo tenía en ese sentido.

Dos personas heridas no se pueden ayudar, porque ambas están vulnerables y van a intentar valerse del otro para ellas salvarse; sólo quien ha vivido tus mismas heridas y las ha sanado puede curarte.

Él se dedicó a repetirme una y mi veces que yo era bonita, de que yo era sensual, de que era inteligente y que me deseaba con locura, hasta que me convencí. Muchas veces he pensado que era precisamente ese contraste que había entre él y yo los que nos atrajo como los polos de un imán; es probable que si él hubiera tenido tantas heridas sin sanar como yo, no hubiéramos logrado superar la prueba de estar juntos; el hecho de que él tuviera una mayor sanidad afectiva y emocional fue lo que le permitió mantenerse a mi lado sin salir lastimado, y al mismo tiempo ayudarme a sanar.

Quiero aclarar que la pasión desenfrenada que viví con él no se limitaba únicamente a mi entrepierna, aunque en ese sentido también significó todo un descubrimiento para mí; el secreto estaba en que justamente cuando llegábamos a esa parte era porque ya habíamos nutrido tanto nuestras otras necesidades de compañía, de empatía, de comprensión, de ternura, que ya cuando llegábamos al sexo como tal, era como disfrutar de un postre exquisito después de un banquete de gala.

A veces siento tristeza cuando veo cómo se mutila la forma en que comprendemos lo que significa una relación; veo a tantos jóvenes, tanto hombres como mujeres, persiguiendo un ideal de pareja totalmente alejado de la realidad, y es a partir de esa equivocación como terminan enfrascando sus vidas en la rutina; luego vienen los arrepentimientos, las decepciones y los fracasos.

Hay una realidad que no pasa de moda: el amor de verdad es un amor de almas, y aunque pareciera que vivimos una era diferente, la falta de sentido que sufre el mundo hoy en día se debe a que nosotros mismos nos hemos vaciado de espíritu y de mente.

Las familias, la iglesia, las leyes y la sociedad en general obligan muy especialmente a la fidelidad en la mujer; espero que llegue el día en que ese precepto se acompañe con la exigencia para el hombre, no de que sea fiel, sino de que estimule en su pareja esa voluntad de serle fiel; que se convierta en merecedor de ese tesoro que es la fidelidad real, espontánea, de la mujer con quien comparte el camino de la vida.

Los hombres necesitan recordar que una relación es un milagro; que el hecho de que una persona decida juntar su vida con la de otra debería celebrarse como un instante en el que nuestra semilla de divinidad se asoma a través de las grietas de nuestra humanidad, y que como a toda semilla hay que regarla y cuidarla para que pueda germinar y dar los mejores frutos.

Con la persona adecuada, nuestra alma resuena, y esa es la señal. Más allá de las imposiciones de la sociedad, hay seres muy libres que realmente se deslumbran con todo lo que les rodea, y se disfrutan tanto a sí mismos como al compañero o compañera que tienen a su lado.

Creo que no hay maldad en ello; en todo caso me parece mucho más cruel el tener una relación "oficialmente aceptada" para hacerse infelices mutuamente.

Siempre supe que mi ex – compadre no era hombre de una sola mujer; él tenía su esposa, y siempre me dejó muy claro que a pesar de sus conflictos, él la quería. Al principio eso fue muy difícil de asimilar para mí, pero con el tiempo comprendí que era parte de su temperamento sentir respeto por las personas que amaba, y yo lo admiraba por eso.

No era fácil estar presente cuando recibía una llamada de su casa; ver cómo inmediatamente atendía, porque ellos eran y siempre iban a ser su prioridad… Como tenía que ser!

Esa faceta de él me permitió darme cuenta por defecto de todo lo que había fallado en mi matrimonio y en mi hogar, y aunque era duro de reconocer, al menos me daba la oportunidad de aprender la lección para saber qué era lo que yo merecía, qué era lo que yo necesitaba, qué era lo que yo debía esperar del hombre que quisiera llamarme "suya".

Esas son las cosas que se supone que debemos aprender en nuestro hogar, desde la niñez, y que tienen que ver con nuestro amor propio y autoestima; cuando no tenemos eso, pasamos toda una vida descubriendo quiénes somos, cuánto valemos y cuál es el trato que nos merecemos.

A veces, entre suspiros, le preguntaba a mi ex - compadre:

- ¿Por qué no fuiste tú el que estaba en aquella fiesta sin atreverse a bailar?

Y él me respondía entre risas:

-Si no me hubiera atrevido a bailar, entonces no era yo...!

En medio de nuestra relación yo fui compartiendo con él mis sufrimientos, lo que había sido el maltrato de mi marido, sus golpes, sus borracheras, la forma como me trataba; también llegué a revelarle cómo me había vengado, con premeditación y alevosía.

Tal vez estas palabras puedan sonar excesivamente crueles en relación a la persona con quien me casé, y en honor a la verdad, tampoco creo que mi esposo hubiera sido feliz durante nuestros años de convivencia. Ninguno de los dos tuvo la culpa de no haber tenido la orientación adecuada cuando tomamos la decisión de juntarnos, y nuestra vida en común terminó siendo una interminable cadena de desaciertos.

Parece mentira, pero las cosas que más me fascinaban de mi amante fueron las que terminaron generando una crisis entre los dos: yo lo veía tan buen padre, tan buen esposo, tan correcto, tan eficiente, tan cabal, que comencé a sentir que era *yo* quien me lo merecía, que era *yo* la única que podía brindarle una vida feliz y que *yo* lo quería para mí.

Dicho de otro modo, yo no quería ser su amante, sino su mujer con todas las de la ley… Afortunadamente, él era mucho más equilibrado y centrado que yo, y con amable firmeza me mostró la realidad: su familia era sagrada, y él nunca iba a oficializar ninguna relación con nadie más, pues iba a permanecer a los ojos de sus hijos como siempre había sido: un hombre intachable y respetuoso de su hogar.

Él había conseguido lo que todo hombre desea: una esposa perfecta que no hacía preguntas y una amante ideal, sin exigencias.

Reconozco que en algún momento traté de inclinar la balanza a mi favor, pero no lo logré; por el contrario, me encontré con el borde del precipicio y tuve que dar un paso atrás, pues comprendí que si avanzaba iba a caer en picada y sola.

Tuve que revisar mis prioridades para decidir si me sentía en condiciones de aceptar las cosas tal y como él me las estaba planteando, porque definitivamente no iban a cambiar, o al menos no del modo que yo esperaba.

Entendí que ese no era el tipo de relación que yo quería con él, pero era la única que podíamos tener; querer forzarlo a otra cosa equivalía a perderlo, así que opté por él y por esa felicidad fraccionada, la única que podía esperar a su lado; en otras palabras, justamente por amor tuve que abandonar la idea de que él iba a ser de mi propiedad.

Aprendí lo que era amar a otro ser humano como pareja, dejarlo tomar sus decisiones, respetarlo... Aunque eso significara tener que renunciar a él. Aún hoy, a la distancia de los años, me entiendo y me perdono; incluso me felicito por haberme permitido protagonizar ese capítulo de mi película.

No me dejé afectar por culpas o remordimientos, porque entendí que más allá de lo que nos impone la sociedad, nuestro espíritu necesita vibrar para mantenerse vivo.

Es necesario que comprendamos que una relación de pareja no es una cárcel, sino una ofrenda, un espacio en el que se puede seguir jugando como niños sin dejar de construir como adultos. Algunas personas piensan que mientras más posesivas sean con sus parejas, más amor les están demostrando, pero eso es un gran error, pues lo único que están dejando en evidencia son sus propios temores e inseguridades; con mi ex – compadre aprendí que no hay nada más sensual y seductor que alguien con una firme autoestima.

El amor, cuando es de verdad, no puede ser de otra forma más que amor en libertad. Él y yo estamos físicamente separados, pero seguimos unidos en nuestras mentes locas, y hasta el día de hoy no puedo dejar de decirle "mi amor", porque lo es; ese sí fue mi verdadero amor; el amor que yo tenía que conocer, y el que tuve que dejar ir... por amor

11

La felicidad
"es" el presente

Por fortuna, cuando nuestras emociones nos nublan la razón, siempre ocurre algún giro que nos trae de nuevo a la realidad. Cuando comprendí que no podía continuar con mi ex compadre sin que me doliera y sin querer tener más, pensé que la vida había terminado para mí; fue entonces cuando ocurrió uno de esos milagros disfrazados de tragedia con los que Dios nos saca de las profundidades y nos regala un nuevo comienzo.

La mayor de mis hijas comenzó a tener problemas emocionales y le prescribieron tratamiento con antidepresivos; ella me necesitaba más que nunca.

De nuevo tuve que revisar mis prioridades: tenía que dejar de lado mi vida de amante, olvidarme por un momento de mí, para poder dedicarme a mis hijos; me regresé a vivir con ellos, pero esa no fue una decisión fácil, porque en esa casa nunca fui feliz y estar ahí me generaba mucho rechazo. Sentía que me rondaba nuevamente la soledad, pero al mismo tiempo comprendía que ante todo yo era mamá, y como tal tenía que ayudar a mis hijos, ponerlos primero a ellos antes que a mí.

Mi ex - amante seguía pendiente de mí, pero ahora como amigo, y siempre trataba de hacerme ver las cosas de otra manera:

-Anímate! Tú puedes hacer esto, tú puedes hacer lo otro…

Habíamos acordado mantenernos en contacto, cosa que para él parecía muy fácil, mientras que a mí me traía en un vaivén emocional; por una parte, yo no quería que nos alejáramos completamente, pero por la otra, su trato tan "amistoso" me lastimaba, porque no era esa la forma en que yo lo veía, ni era exactamente una amistad lo que yo quería de él.

En una de nuestras conversaciones me había dicho que si su presencia me lastimaba tanto, prefería alejarse antes que hacerme sufrir, pero yo le había asegurado que lo podía manejar, aunque en el fondo estaba desolada.

No sé en qué momento de mi vida yo había decidido dar siempre la pelea, sin reconocer nunca que era frágil, que estaba triste, que tenía miedo, que necesitaba un abrazo...

Incluso me había metido con él, sabiendo que su único defecto era su estado civil, pues bien casado estaba, y así se iba a quedar; me convencí a mí misma de que eso no iba a afectarme, que yo podía mantener muy claras las cosas, que yo sabía hasta donde podía llegar... Otra vez Inés jugando con fuego y apostando a que no se iba a quemar.

En medio de mi desolación, yo debía mostrarme fuerte para apoyar a mis hijos; no quería que me vieran derrotada, ni que se dieran cuenta de que otra vez me habían roto el corazón, a mí... la súper mujer que no se había detenido ante nada, ni siquiera ante ellos, con tal de vivir su pasión...

No le pedí ayuda conscientemente a Dios, pero sé que abrí mi corazón a cualquier cosa buena que pudiera enviarme para calmar mi dolor; la misma vida me estaba obligando a aceptar mis propios límites, y en el fondo se sentía bien reconocer que no era invencible, y que además tampoco tenía por qué serlo.

Me estaba desplomando en toda mi humana fragilidad de mujer, y eso también era yo; esa también era Inés.

Por esos días me encontré un post en Facebook, en el que ofrecían ayuda a personas con depresión; ese era el diagnóstico que los médicos le habían dado a mi hija, así que me animé y la invité:

-Hay una clase gratis que parece interesante... ¿Por qué no vamos?

Asistimos a la primera sesión; allí conocí a una mujer de apariencia rígida que parecía inquebrantable; manejaba muy bien sus emociones; con ella había también dos caballeros, y juntos dirigían un grupo que se llamaba Corazón de Mujer- Utah. Uno de ellos era el facilitador, y el otro hombre era su asistente; ellos eran quienes daban las clases en los talleres de transformación.

Al principio no entendía muy bien de qué se trataba, pero al escucharlos hablar sobre temas existenciales sentí que algo se despertó dentro de mí; comencé a darme cuenta de la forma tan equivocada en que yo venía accionando en mi vida; realmente fue una sacudida, y me dije a mi misma:

-Inés... Tienes que parar... Estás haciendo mucho daño...

Yo me había ido de mi casa intentando llenar un enorme vacío personal que en realidad sentía desde niña, y sin darme cuenta había desatendido gravemente a mis hijos; como era de esperarse, ellos estaban muy enojados conmigo, pues a fin de cuentas fui yo la que se marchó, yo era la que andaba con alguien más, mientras que su padre se quedó con ellos y más nunca se buscó otra pareja... Se le hizo muy fácil adoptar el papel de víctima, y lo peor era que mis propias acciones le daban la razón.

Todas esas cosas me hacían sentir culpable; era como si yo no tuviese derecho a rehacer mi vida. Definitivamente, la felicidad no es otra cosa que el momento presente; nunca sabremos qué nos depara el siguiente instante ...

La primera clase de ese taller de transformación trataba sobre el perdón; en la práctica nos hacían regresar a nuestras vidas pasadas y recordar a las personas que más nos habían hecho daño; tarea nada fácil en mi caso:

Siempre culpé a mi hermana la flaca por sus regaños, por los traumas que me hizo sentir de niña; le tenía mucho coraje...

Crecí pensando que sentía tristeza por la muerte de mi madre, pero allí descubrí que en realidad estaba enojada con ella y la culpaba por haberme dejado sola...

Culpaba a mi padre también por su abandono, por sus borracheras...

Estaba enojada con mis hermanos por los juegos pesados que tuvimos de niños y sus burlas...

En cuanto a mí misma, sentía una culpa horrible por haberle puesto los cuernos a mi esposo; no me lo perdonaba, estaba muy enojada conmigo misma, pero no lo sabía; veía a los demás como los únicos culpables de todo lo que no funcionaba en mi vida, pero tenía que reconocer que yo también tenía mi cuota de responsabilidad en ello.

Enfrenté todo eso y perdoné; no hay forma de sanar una herida sin limpiarla a fondo primero, y eso fue lo que hicimos en ese maravilloso taller.

Algo que me impactó fuertemente fue el tema del perdón hacia sí mismo; a través de las dinámicas pude darme cuenta de que era infinitamente más fácil perdonar a los demás que hacerlo conmigo; sin embargo, era un paso obligado para que la terapia pidiera tener sentido. No cabía duda de que todos teníamos un sinfín de personas a quienes perdonar, pero la primera de la lista era la misma para todos los participantes: "*yo*".

Recuerdo que fue algo súper incómodo, por dos razones: la primera era que para poder perdóname, yo tenía que mirar hacia mi vida con detenimiento y encontrarme con muchos recuerdos y situaciones que había decidido no mirar nunca más; la segunda era que al perdonarme esas cosas se desvanecían, y yo me quedaba sin excusas para sufrir o victimizarme.

Descubrí que una parte de mí estaba muy cómoda haciéndome creer que toda la culpa de mi sufrimiento la tenían los demás, y no yo. De allí se desprende que al perdonar nos vamos preparando para tomar las riendas de nuestra propia vida, y para eso se requiere de una gran valentía, sobre todo cuando vienes de historias familiares disfuncionales, en las que has tenido que aprender por tu cuenta a cuidarte, a defenderte, a sanar.

Perdonar significa abrir un canal más amplio de comprensión de la realidad; cuando no comprendemos, nos dejamos llevar por las emociones en bruto; mientras que si descubrimos la estructura lógica que se esconde detrás de los hechos, podremos generar reacciones y soluciones equilibradas, rompiendo los círculos de violencia y manipulación.

Ante la realidad, sólo tenemos dos opciones: negarla o aceptarla; no tiene caso ponernos a buscar culpables, sino asumir una responsabilidad con nuestro destino y continuar.

Muchas veces preferimos olvidar antes que perdonar, o al menos eso es lo que creemos, porque en realidad, aunque a nivel consciente no tengamos memoria nítida de los hechos, estos siguen alojados en nuestro subconsciente y desde ahí nos manejan la vida. No es lo mismo un supuesto olvido "a conveniencia" que un proceso de perdón hecho a plena conciencia; es una prueba de fuego que acrecienta la fortaleza del espíritu y realmente te libera, pues las ataduras con el pasado solamente puede romperlas cada quien.

Otros aspectos involucrados con el proceso del perdón son la tolerancia y la compasión; el perdón no consiste en un gesto magnánimo de alguien que se siente superior, sino de la conciencia que podemos alcanzar de que todos somos humanos, y por lo tanto, imperfectos y vulnerables.

El verdadero perdón genera un sentimiento de comprensión de las debilidades que llevaron al otro a fallarnos o a lastimarnos, entendiendo que nosotros también podemos en algún momento equivocarnos y fallar. Es increíble cómo pueden variar nuestra comprensión de los hechos cuando cambiamos de perspectiva!

¿Te has preguntado alguna vez cómo te ven los demás, cómo te perciben, cómo te interpretan? Incluso, ante las situaciones dolorosas de tu vida, ¿has hecho alguna vez el ejercicio de imaginar cómo sería la película narrada por quien te lastimó?

Uno de los mayores problemas que existen en la actualidad es que cada vez hay más conectividad, pero menos comunicación, si entendemos como comunicación la posibilidad de una compenetración significativa entre las personas y sus múltiples realidades; y allí surge un inconveniente mayor, que es lograr la interacción entre todos esos universos individuales, proceso en el que la tolerancia nuevamente se vuelve protagonista.

El perdón es la consecuencia de reconocer nuestras limitaciones humanas: si no somos perfectos, no podemos exigir a los demás que los sean; si no somos perfectos, es normal equivocarnos; si no somos perfectos, significa que siempre podemos rectificar.

Yo salí encantada de ese primer taller; nos anunciaron que en el siguiente módulo empezaríamos a trabajar con el Niño Interior y yo inmediatamente me apunté, pero mi hija sí se rebeló:

- No mamá! Yo no quiero volver a enfrentarme a esto; no me gustó...

Me di cuenta de que ella no quería revisarse a sí misma, así que le respondí:

-Está bien... Si ya descubriste lo que te duele, eso es lo que tienes que trabajar cuando te decidas a hacerlo, y sé que lo harás...

Había llevado a mi hija con la intención de que sanara, y descubrí que quien venía más madreada era yo, así que decidí continuar; lo que había comenzado a ver dentro de mí me estaba dando la clave para comprender qué era lo que me había aprisionado por tantos años, y sobre todo, me estaba demostrando que la llave de mi celda la tenía yo en mis manos.

Comenzó el taller sobre el Niño Interior, y en algún momento me sentí tan cuestionada que me salí del salón. Necesitaba aire; sentí que no lo iba a soportar y hasta me reproché por haber ido, pero inmediatamente recapacité: ahí estaba precisamente mi niña herida rebelándose porque le estaban removiendo sus heridas, y entonces yo hice lo que ya me habían indicado que tenía que hacer: me ubiqué en mi *yo-adulta* y comencé a analizar:

-Esto me gusta… lo que ellos hacen me llama la atención y lo necesito; necesito sanar… Cuando ésto termine voy a sentirme mejor, y después voy a poder ayudar a otras personas a superar sus traumas de la infancia…

Regresé al salón y anuncié que iba a continuar.

A muchos de nosotros nos tocó crecer en un entorno cruel, sufriendo maltratos que aun hoy en día nos siguen lastimando: insultos, golpes, abusos, burlas, humillaciones, abandono, negligencia, desinterés…

Necesitamos tomar conciencia de que las palabras pueden edificar realidades, pero también las pueden destruir; ojalá Dios nos diera a los padres y madres del mundo la gracia de poder ver al menos por un instante los efectos que una palabra inadecuada, inoportuna e hiriente puede tener en la vida de sus hijos y en la de su descendencia, porque a menos que alguien rompa la cadena, ese daño se seguirá transmitiendo de generación en generación.

El mundo que tenemos es el mundo que hemos creado con nuestros pensamientos traducidos en palabras, pues la palabra es creadora. Cada vez que hables, piensa que no estás pronunciando sonidos, sino lanzando semillas de energía que se van a materializar, y de esa manera tal vez logres enfocar tus pensamientos hacia direcciones más creativas y sanas.

Cuando sientas que no puedes creer en ti, cuando el camino esté ante tus pies y aun así no encuentres el entusiasmo para iniciar el recorrido, trata de recordar a qué mensajes equivocados está obedeciendo tu Niño Interior: ¿Quién lo asustó? ¿Quién le dijo que no podía, que no era capaz? ¿Quién se rió cruelmente de él?

Toma su mano y dile la verdad: que es grandioso, que sí va a poder, que lo amas y confías en él, y sobre todo, que nunca, nunca lo vas a abandonar; eso lo cambiará todo.

Dicen que los ojos son el espejo del alma, y yo estoy convencida de que es verdad, porque lo que vemos a nuestro alrededor es lo que nuestra alma refleja desde nuestro interior; el mundo es para cada quien un eco de sí mismo, y por eso es tan importante cuidar nuestras voces internas, ya que ellas serán las que configuren nuestro mundo.

Si una persona crece entre palabras hostiles, igualmente hostil va a ser su realidad; en algún momento su *yo-adulto* aparecerá y le explicará que todo eso pertenece al pasado, pero para su *yo-niño* ese seguirá siendo su presente, le seguirá lastimando como el primer día, y terminará adueñándose de su percepción para purgar su dolor. Muchas de las cosas que nos afectan o nos lastiman las estamos contemplando a través de los ojos de nuestro Niño Interior, que es pura emoción y pasión:

-Yo maltrato, porque a mí me maltrataron... Yo abuso, porque a mí me abusaron...

Cuando una persona decide cambiar el rumbo de su vida, opta por poner su conciencia y su razón por encima de todas las experiencias dolorosas del pasado, y aunque su Niño Interior quiera vengarse, quiera la revancha, quiera salirse con la suya, es su parte adulta la que debe tomar el control, para de esa manera romper con la cadena de sufrimiento.

No importa todo lo que te haya tocado vivir: es hora de aceptar que los demás no tienen la culpa, y tarde o temprano debes hacerte responsable de la forma como decides vivir tu sufrimiento. Esa es una de las mayores dificultades que debemos enfrentar todos como seres humanos en este planeta Tierra, porque nos hemos acostumbrado tanto a arrastrar esas cadenas, que ya no recordamos cómo es vivir en paz y tranquilidad.

El sufrimiento y la victimización son nuestra zona de confort; es donde sabemos cómo estar, cómo manipular, cómo culpar, cómo demandar...

Por eso no es de extrañar que muchas personas se resistan tanto a cambiar, porque cambiar duele, cambiar es difícil, cambiar es incómodo; todos deseamos ser felices, pero... ¿cuántos estamos realmente dispuestos a pagar el precio de esa felicidad?

Muchas de estas ideas resultan terriblemente chocantes, porque nos señalan como los únicos responsables de nuestro destino y del grado de satisfacción o insatisfacción que experimentemos en nuestra vida.

Para muchos de nosotros, las heridas de la infancia son simplemente insoportables; en mi caso, creo que había borrado mi niñez, tanto lo bueno como lo malo, para protegerme de los recuerdos que me pudieran lastimar. Por eso me quedé tan impactada cuando me asignaron la siguiente actividad del taller:

-Vas a salir tú sola; vas a estar contigo. Debes hablarte como cuando eras chiquita y empezar a recordar cómo te decían de niña…

Ese proceso me resultó doloroso al extremo, porque me hizo recordar muchos de los momentos en los que más frágil y vulnerable yo me sentía, y en los que no pude contar con la protección y el cuidado que merecía como niña. De nuevo entré en conflicto, pero los instructores me sugirieron:

-Inés, cálmate… respira… Busca en tus memorias; conéctate con algún momento en el que recuerdes haber sido feliz… Siente esa emoción y vuelve a ese instante…

Entonces recordé... me vi junto a mis hermanos en una de aquellas excursiones que hacíamos con mi padre, sentados junto al río disfrutando las frutas que llevamos para merendar... Me levanté y corrí para perseguir una mariposa, y entonces escuché la voz de mi papá:

-Titina!

En todos esos años, esa palabra se me había borrado de la mente: Titina... Esa era yo! Así me decía mi papá; nadie más me llamaba de ese modo; sentí que había un rincón del Universo en el que podía sentirme a salvo, como cuando alguien te da la mano en plena oscuridad. Me sentí segura.

12

Tomarse el
tiempo para vivir

Otro día en el taller nos habían asignado a cada quien llevar una muñeca, pero yo lo olvidé y caí en cuenta justo cuando iba entrando al salón, así que me regresé al carro a ver qué podía conseguir, y me encontré con una muñeca pelona y mugrosa que era de mi nieta; la escondí debajo de mi saco y entré rápidamente al salón, pues la sesión del taller estaba por comenzar y yo como siempre llegaba tarde.

Al verme sacar la muñeca, mi coach me preguntó:

- ¿Por qué la escondiste? ¿Quién te escondió a ti? ¿Cuantas veces estuviste escondida? ¿Por qué te abandonaron?

En ese instante regresé a mi infancia; me vi así, como esa muñeca: mugrosa y pelona, abandonada. Entonces comencé a llorar como si un río se hubiera desbordado dentro de mí; por fin mi *yo-niña* pudo liberarse, pues durante todos esos años ella se había quedado detenida en esos momentos dolorosos de mi vida y no había podido evolucionar.

Parece mentira que nuestras vivencias de niños sean las que terminen prácticamente dando las pautas de nuestra vida de adultos sin que nosotros nos percatemos. Es una lástima que en las escuelas no se enseñen estas cosas; el ser humano pretende conquistar los planetas y el espacio sideral, cuando todavía no ha logrado ni siquiera conocerse a sí mismo.

A las personas nos deberían hacer un estudio psicológico antes de permitirnos ser papás, pues pocas cosas tienen tantas consecuencias en la vida como todo lo que ocurre durante la infancia; allí se gestan la mayoría de las disfunciones que afectan a los individuos y que los llevan a convertirse en piezas conflictivas de la sociedad.

Desde ese punto de vista, la violencia en cualquiera de sus formas debería ser un problema de Estado; nadie nace adulto, así que las condiciones en las que se desarrolla la infancia deberían ser estrictamente vigiladas, como la simiente de la sociedad que queremos lograr.

El maltrato físico puede generar lesiones evidentes que pueden sanar con el tiempo; en cambio, las lesiones emocionales quedan ocultas y es mucho más difícil poderlas tratar.

Cuando pienso en las interminables cadenas de dolor que hay en el mundo, llego a la conclusión de que debe haber una razón, un sentido para todo esto, y ese sentido y razón no puede ser otro que el aprendizaje. Esta existencia terrenal es un campo de entrenamiento para ejercitarnos en el amor y trascender los límites de nuestra conciencia.

Sé que a lo largo de mi vida experimenté muchas situaciones dolorosas; algunas yo las decidí, pero otras simplemente me tocaron, y a pesar de que las sufrí, hoy en día no sería quien soy si no fuera por ellas; doy gracias a Dios por haber conseguido en mi camino las herramientas necesarias para transmutar esas vivencias y convertirlas en combustible para mi crecimiento espiritual.

Ese es el sentido del dolor, de las dificultades y de todo lo que llamamos "sufrimiento"; aquí voy a insistir sobre algo que ya he dicho: la palabra es creadora, la palabra tiene poder; si en lugar de llamar "sufrimiento" a todas las cosas que nos generan dolor e incomodidad, pudiéramos cambiarles el nombre, lograríamos verlas simplemente como lo que son: hechos... vivencias... anécdotas... sucesos...eventos... experiencias... Sin juicios ni valoraciones: ni "buenas" ni "malas".

Si tan sólo pudiéramos aceptar la realidad tal y como es, sin juzgarla, tal vez evitaríamos el desgaste innecesario de resistirnos a lo inevitable.

Una de las consecuencias más tristes de los traumas de la infancia es que cuando ya no hay adultos que nos maltraten, pasamos nosotros mismos a ocupar ese lugar, convirtiéndonos en nuestros propios verdugos. Por eso es fundamental ir un paso más allá del perdón hacia sí mismo, procurando además una reconciliación, es decir, hacer las paces y restablecer los lazos afectivos con nuestro propio *yo*.

Todo esto suena muy lógico y muy bonito; sin embargo, no es nada fácil de lograr, precisamente porque las trabas y las disociaciones no se encuentran a nivel consciente, donde sería muy fácil ubicarlas para poderlas resolver, sino que se quedan alojadas en las profundidades de la psique, a donde no podemos acceder a menos que contemos con la orientación y la guía adecuadas.

No sé si te ha pasado, pero en mi caso, a mí me resultaba terriblemente chocante aceptarme, verme o escucharme; no podía comprender por qué me caí yo tan gorda a mí misma, pero lo peor es que eso no me pasaba únicamente cuando me apreciaba externamente, sino también cuando miraba hacia mi interior. Mi diálogo interno siempre era de reproche y descalificación hacia mí misma, y por esa razón me sentía a la deriva cuando desaparecían los anclajes de mi entorno, como mis padres o mis amantes.

El no saber aceptarnos a nosotros mismos tiene su otra cara, que es igualmente problemática, y es que así como no podemos dar lo que no tenemos, si no nos aceptamos a nosotros mismos tampoco podremos aceptar a los demás, pero es aquí donde surge la cuestión: ¿Cómo aceptarnos cuando hemos crecido en medio de juicios y críticas denigrantes hacia nosotros? ¿Qué otra cosa podemos dar a los demás, si eso es lo que tenemos entre las manos?

En la sociedad se nos plantean los valores como una imposición: respeto, moral, tolerancia, consideración, solidaridad... Sin embargo, yo te pregunto... ¿qué es lo que se enseña con el ejemplo?

Si haces lo que esperas recibir, no será necesario esforzarse en generar órdenes o decretos, y eso forma parte del giro que el mundo está a punto de dar: no podemos seguir siendo una humanidad de enunciados; necesitamos que nuestras palabras cobren vida en las acciones.

El siguiente ejercicio del taller estuvo enfocado a nuestra relación con nosotros mismos:

Nos pidieron comprar una muñeca de nuestra preferencia; esta vez me tomé el tiempo y recorrí un sinfín de tiendas buscando una que me pareciera ideal; no fue fácil, pero al fin la encontré.

Teníamos que colocarle un nombre, y a la mía le puse Titina, como me decía mi papá.

Titina se fue a mi casa conmigo y dormimos juntas; a la mañana siguiente me la llevé a mi trabajo:

-Aquí vas a estar, quietecita- le dije mientras la sentaba en un sillón.

Ese día terminé más tarde que de costumbre, y al llegar a casa me di cuenta de que había dejado a Titina en alguno de los sitios donde había estado limpiando; toda la noche pensé en ella: cómo estaría... si alguien la habría encontrado... si la estarían cuidando...

El miércoles siguiente fui a limpiar a casa de Arnol, y ahí estaba Titina!

Entre risas, Arnol y su esposa Aubry me dijeron que sus niñas la cuidaron, la mimaron y hasta la habían peinado... Qué suerte!

Al verla me sentí como una mala madre, y quise hacer algo para remediarlo: decidí que iríamos de tiendas, pero al salir a la calle, Titina se me cayó; sin pensarlo, la levanté, la abracé y le pedí perdón por descuidarla.

Luego nos fuimos juntas al parque; tomamos un helado, nos fuimos al cine a ver una película; nos divertimos, jugamos y nos reímos como niñas.

Estar con Titina me hizo reflexionar acerca de muchas cosas; me di cuenta de que en la vida no siempre *se tiene* el tiempo, y por eso *hay que hacer* el tiempo, en especial cuando tenemos la oportunidad de disfrutar de algo o de alguien.

He hecho cosas con Titina que me hubiera gustado hacer con mi mamá: ir al parque, al cine, comer en un restaurante... No fue que mi madre no haya querido compartir esas cosas conmigo, sino que no las hicimos por falta de tiempo; porque partió.

Sé que todos tenemos el libre albedrío para hacer o no hacer ciertas cosas que van a influir para bien o para mal en nuestras vidas, pero hay momentos en los que no tenemos la oportunidad de decidir. Mi madre me hizo mucha falta y hubo momentos en los que cuestioné a Dios por su partida, pero entendí que lo más doloroso de una pérdida son todos los momentos no vividos.

Luego nos explicaron que estas experiencias estaban basadas en lo que se conoce actualmente como Dollterapia o terapia con muñecas; un tipo de tratamiento no farmacológico basado en la retroalimentación afectiva para reducir el estrés y la ansiedad, y que en este caso se había reorientado para reducir la brecha que se genera entre los distintos componentes de la psique debido a situaciones traumáticas de la infancia.

Cuando el daño ha ocurrido a niveles tan profundos es difícil para la persona establecer consigo misma una relación de afecto y aceptación, y por ello se recurre simbólicamente a la muñeca como una estrategia de proyección del yo, de manera que se generen lazos afectivos que más adelante puedan hacerse extensivos hacia sí mismo y hacia las personas de su entorno.

Puedo dar fe de que al menos en mí, funcionó; algo se me ablandaba por dentro cada vez que pronunciaba el nombre de mi muñeca con el mismo cariño que lo decía mi padre; a través de Titina pude darle a mi Niña Interior una buena parte del cariño que sé que le faltó.

Mientras aprendía acerca de todas estas cosas yo seguía avanzando en los talleres; buscaba verme desde adentro para por fin encontrarme conmigo misma, pero no era un ejercicio fácil, y estas personas me estaban entrenando para dejarme guiar:

-Échate un clavado dentro de ti...! - me decían.

Aprendí que eso que nos duele no existe en la realidad, sino que es como un espejismo que está alojado dentro de cada uno de nosotros; para llegar a descubrir qué era lo que me generaba tanto dolor tuve que comenzar por verme a mí misma, ver lo que estaba sintiendo en ese momento y sobre todo darme cuenta que nada de eso estaba pasando en el presente.

Uno de esos días hicimos una dinámica muy padre, que hasta la fecha la llevo en mi corazón: nos dieron un montón de papelitos y nos dijeron:

- Tienen que escribir aquí las cosas negativas que no les gusten de ustedes...

Recuerdo que varias veces me quedé sin papelitos y tuve que pedirles que me dieran más...

-Ahora, escriban las cosas positivas...

Recuerdo que por un momento mi mente se quedó en blanco; me di cuenta de que no tenía ningún inconveniente si se trataba de decir cosas negativas hacia mí, pero sí quería decir algo positivo no encontraba nada en mi cerebro...

Entonces comprendí:

-Claro! ¿Cómo vas a tener algo positivo que decir de ti, si sólo has recibido y aceptado cosas negativas e hirientes en tu vida?

Aprender a detectar mis errores no era un proceso sencillo para mí, porque había pasado toda mi vida en modo negativo y eso era mi normalidad; por eso sólo atraje tantos conflictos a mi vida. Ahora estaba aprendiendo a desaprender; vi que tenía mucho que descubrir, ya que en 45 años sólo había subsistido por inercia, es decir, en modo supervivencia, como dicen por ahí: sólo vivía por vivir.

Ahora era diferente: mi vida estaba siendo re-dirigida por mí, de forma consciente, aceptando que la educación que me había programado estaba mal orientada, que sólo tenía que dirigir mis pensamientos al modo positivo para llegar a otros puntos de vista y comprender que la libertad es desaprender modalidades; no fue sencillo, pero sentía una necesidad inmensa de re-aprender, quería disfrutar mi recién descubierta libertad.

La sensación de soledad, la sensación de abandono, la falta de amor de mis padres, las humillaciones, la frustración; el hecho de sentir esos rechazos consientes o inconscientes de parte de lo demás… Todo eso es lo que nos viene jodiendo, pero la verdad es que forma parte del pasado… Técnicamente, ya no existe; ya pasó…!

Si los seres humanos tuviéramos la capacidad de vernos el alma, encontraríamos que somos lo más parecido a un imán: atiborrados de emociones, ideas, sueños, pensamientos, deseos, temores, recuerdos... En cierto sentido, es normal intentar retener todo aquello que nos genera "estabilidad" ... emocional... afectiva... psíquica... material.

Sin embargo, es necesario comprender que por mucho que nos aferremos a las cosas, ellas nunca van a permanecer para siempre a nuestro servicio o en nuestro poder; por eso, es mejor hacernos la idea de que nada ni nadie nos pertenecen, del mismo modo que nada ni nadie es indispensable... Ni siquiera nosotros.

En realidad, más que aprender, necesitamos desaprender nuestra supuesta realidad; atrevernos a reconocer que ya tocó soltar. Digo esto porque muchas veces creemos estar sujetando algo en nuestras manos vacías; las cosas no permanecen con nosotros por el simple hecho de que no las queramos soltar; necesitamos reconocer la pérdida cuando ya no hay nada qué hacer.

Abandonar las ideas de estabilidad, permanencia y seguridad ha sido una de las tareas más arduas que ha tenido que enfrentar el ser humano en el mundo actual, sobre todo porque ha tenido que hacerlo de emergencia, en atención a las evidencias que nos ha impuesto la misma realidad.

Creo que la fe es una de las claves para la aceptación: a nadie se le ocurre cuestionar a Dios, y por lo tanto, todo lo que ocurre obedece a sus razones, aunque escape a nuestra comprensión.

Este momento que atraviesa la humanidad es una oportunidad perfecta para ejercitarnos en el aprendizaje de la aceptación de la realidad; lo queramos o no, hemos tenido que soltar personas... planes... proyectos... trabajos... lugares... expectativas... comodidades... hábitos... certezas...

Seguramente te has descubierto diciéndote a ti mismo que nunca imaginaste poder vivir con tan poco, después de haber pasado años, o toda una vida, luchando desenfrenadamente por todo lo que ha dejado de tener importancia en el presente.

¿Qué es lo que queda? La vida... los afectos... la paz interior.

Hay cosas que son inevitables, y la única actitud posible ante ellas es la aceptación; sin embargo, es necesario diferenciar que la aceptación no es indiferencia, ni tampoco tolerancia de la situación, ni mucho menos resignación; estas actitudes implican una resistencia ante la realidad, y tarde o temprano van a generar el efecto contrario: resistencia, rechazo, ira y frustración. Dolor.

La verdadera aceptación implica una comprensión de las circunstancias, y al mismo tiempo abre las posibilidades de encontrar las oportunidades que se esconden en lo profundo de cada crisis. Pocas situaciones tienen el potencial de activar en tan poco tiempo todo lo peor y al mismo tiempo lo mejor de la raza humana, y necesitamos estar lúcidos emocional y espiritualmente para leer el mensaje.

Para mí es un verdadero regalo de Dios el haber encontrado a tiempo las puertas de mi propio autodescubrimiento; eso me ha permitido enfrentar esta nueva realidad con equilibrio y esperanza, y sobre todo brindar apoyo a los demás.

Somos frágiles e imperfectos, pero vivíamos aturdidos para no mirar la realidad; estamos en un momento privilegiado para recuperar la conciencia sobre nuestra verdadera naturaleza y apreciarla en su verdadera dimensión, humana y sagrada.

Creo que Dios nos ama tanto que nos ha quitado los obstáculos que nos impedían avanzar. Una de las excusas más comunes por las cuales las personas decían que no podían realizar las cosas que deseaban era por falta de tiempo, y he aquí la magnífica respuesta de Dios: el mundo actual, caracterizado por el dinamismo y la implacable velocidad, detenido en pleno siglo XXI.

Confío en Dios y en que nada ocurre si no es parte de su plan; por eso sé que todo lo que en este momento escapa a nuestra comprensión va a encontrar su respuesta en el momento adecuado. Mientras tanto, confío, y me mantengo en el camino.

Muchas veces yo había oído hablar de energía, hablar de frecuencias, de buenas vibraciones; siempre pensé que se trataba de babosadas propias de la gente sin problemas que necesitaba algunas pamplinas a qué dedicarse. Hoy en día estoy segura de que *somos energía, somos vibración*, y en esa medida, todo lo que atraemos es lo que resuena con la frecuencia que estamos emanando.

Dios siempre estuvo ahí; la paz y la armonía siempre estuvieron ahí; el amor y la ternura siempre estuvieron ahí; la prosperidad espiritual y material siempre estuvo ahí; era yo quien no estaba vibrando en la frecuencia adecuada. Al ajustar mi mundo interior, el mundo comenzó a cambiar también a mi alrededor.

Mientras más profundizaba en los talleres, más claridad encontraba para mirar en mi interior; yo estaba fascinada, pues sentía que había encontrado la clave de la felicidad, y quería hacer todas las dinámicas a la vez; sin embargo, como bien me explicaron, la idea era ir liberando un a una las trabas de tu subconsciente, y por eso te lo van dando todo por episodios, paso a pasito; como ellos me decían:

- Cálmate Inés! No te podemos dar al mismo tiempo todo el pastel, porque te morirías…

13

El amor es la respuesta

A pesar de que yo creía haber perdonado y liberado la pesada carga de mi vida emocional, el coordinador de los talleres pudo percibir que si bien esa experiencia había abierto canales muy importantes en mí, todavía había barreras que me atoraban.

Fue entonces cuando él mismo me invitó a vivir la famosa experiencia espiritual conocida como El Programa de los 12 Pasos, un método que fue creado para tratar el alcoholismo, pero que con el tiempo se ha incorporado al tratamiento de cualquier tipo de dependencia.

En los talleres donde había estado nos hablaban suavecito, con palabras bonitas, pero lo que estaba a punto de experimentar era muy diferente:

-Allá nos es así -me había explicado mi coach- Te van a tratar como la vida te ha tratado...

Comencé a escuchar palabras fuertes, de mentadas de madre para arriba; no iban dirigidas a mí, sino que así era la terapia de los grupos de autoayuda, pues era necesario recordar.

Una de las cosas que más llamó mi atención fue la insistencia en la responsabilidad sobre mí misma y sobre las demás personas que estuvieran necesitando ayuda y contención; de alguna manera, esta organización parecía entender que la clave de las adicciones está en la desarticulación: las personas caen en los vicios cuando pierden la conexión significativa con su entorno, y entonces la mente prefiere aturdirse antes que mirar una realidad que ha perdido todo su sentido.

Otro aspecto importante dentro del grupo es el reconocimiento de la propia vulnerabilidad; la aceptación humilde de los propios límites para enfrentar la adicción: reconoces que tienes un problema que te sobrepasa, pero descubres que no lo padeces sólo, y te entregas a trabajarlo con la ayuda del grupo y de Dios. Esa me pareció una forma muy inteligente de confiar.

Aprendí que existen estrategias de la mente para tomar el control, y una de ellas es la amnesia disociativa, que consiste en el encubrimiento de algunos fragmentos de la memoria que resultan particularmente dolorosos, los cuales sin embargo continúan activos en el inconsciente, generando angustia, estrés, culpa, temor y muchas otras emociones, sin que exista la posibilidad de identificar conscientemente qué es lo que las origina.

En relación a las adicciones, esta dinámica genera la necesidad de evasión debido al alto grado de tensión que implica, y es así como la persona comienza compulsivamente a buscar opciones para huir de la realidad.

Por terrible que pueda sonar, somos una sociedad enferma, marcada por el sufrimiento y condenada a reproducir los mismos patrones de maltrato una y otra vez, a menos que decidamos conscientemente detener ese proceso y renovar nuestros vínculos existenciales desde otras perspectivas, ya no desde el maltrato, el abuso y la crueldad.

Uno de los aprendizajes más contundentes y al mismo tiempo más hermosos que pude obtener en esa etapa fue descubrir que todo gran proyecto comienza con el primer paso; en el caso de este grupo en particular, el reto consiste en mantenerse sobrio emocionalmente durante 24 horas, o lo que es igual, un día a la vez.

Una mente adicta se desespera ante la idea de no consumir su vicio "nunca más"; en cambio, la idea de no probar una gota de alcohol o mantenerse emocionalmente sobrio en un lapso de 24 horas parece mucho más factible.

-Inviertan su energía en evitar esa copa durante el día de hoy, porque si hoy no la beben, hoy no se van a emborrachar; si hoy se mantienen emocionalmente sobrios, podrán controlar sus emociones... Intentaremos hacer lo que decía Kaliman: *"El que domina la mente lo domina todo..."*

Dominar la mente para mí no es otra cosa que aceptar lo que fui como pasado: en cuanto al pasado, eso ya pasó; no tiene mucho sentido obsesionarse con él...

Mis recuerdos empañados comenzaron a salir a la luz; pude ver de nuevo la triste película de mi vida, y descubrí que el maltrato se había convertido en el único guion que yo me atrevía a representar: lo viví en mi niñez, lo viví en mi adolescencia y lo volví a repetir en mi matrimonio.

Comprendí que nada había cambiado: aquella niña que se dejaba tocar por un dulce se había convertido en la esposa que se dejaba abusar por obligación... Mi falta de amor propio me llevaba a estar constantemente esforzándome para merecerme el amor de los demás, porque no había comprendido que el amor, cuando existe, simplemente se da.

¿Dónde había estado yo durante todos esos años? ¿Dónde habían quedado mis necesidades y mis expectativas?

Las explicaciones de los procesos emocionales me estaban abriendo las compuertas de mi mundo interior: todo lo había hecho al revés. Por eso, cuando conocí a mi ex – compadre y experimenté esa conexión profunda de almas, fue cuando realmente pude descubrir la plenitud del sexo desde la vivencia del amor, y decidí llevarme el mundo por delante, porque como mi amante me lo decía:

-Aquí se acabaron los culpables...

En efecto, luego entendí que no se trataba de ser culpables, sino responsables, es decir, personas que responden a sus compromisos con la vida y con Dios.

No es lo mismo sentirse culpable que ser responsable; el que admite la culpa asume una actitud pasiva e impotente ante algo que (aparentemente) no puede cambiar; cuando alguien se asume culpable, no hay un siguiente nivel: si no existe solución, no tiene sentido esforzarse.

En cambio, algo muy diferente ocurre cuando asumimos la responsabilidad, pues implica la aceptación de una participación activa en el devenir de los hechos y sus consecuencias. La persona responsable está empoderada de su capacidad para realizar los cambios que su mundo requiera, y en ese sentido no se concibe como un elemento pasivo de la creación, sino todo lo contrario: un digno heredero del poder creador de Dios.

Me di cuenta de que mi temperamento emocional siempre fue el sufrimiento y la conmiseración; en otras palabras, siempre fui la víctima:

-¡Ay! Pobrecita de mí... A mí nadie me quiere... Mis hermanos no me quieren... Mis padres no me quisieron... Mi esposo no me quiso...

Pude ver que yo había rogado, me había humillado, había pedido, había suplicado, por lo que yo pensaba que era amor:

-Por favor! Dime que me quieres... ¿Me amas?... Dame un abrazo...

Me vi como una limosnera, pidiendo un pinche beso...

Mientras alguien esté atrapado en el complejo de víctima, jamás podrá asumir su responsabilidad; si yo realmente quería sanar, tenía que reconocer esa parte de la verdad: yo había estado ahí, yo había vivido esas cosas... Yo había suplicado, me había rebajado... Y todo para seguir en un puto sufrimiento cabrón, porque a pesar de reconocer ser alcohólica, mi verdadera adicción eran las emociones malsanas, y allí lo estaba acabando de descubrir.

Desde niños te hacen creer que "la base primordial es tu familia", es decir: tus papás, tus tíos, tus primos, tus vecinos; las personas con quienes conviviste... Las mismas que me marcaron... ¡Pinche familia!

Todo eso era verdad... Pero ese era el pasado, y ya tenía que dejarlo atrás.

Descubrí que quedarme callada había sido una estrategia de autoprotección; preferí tragarme mis emociones antes que expresar al mundo lo que yo pensaba o sentía, pues no quería que me rompieran el corazón nunca más.

Muchas veces salí madreada por sincera, por honesta, por derecha, porque la gente se ofende cuando le dices las verdades; yo había dejado de vivir por sumisa, por pendeja, por todas las cosas feas que me dijeron a lo largo de mi vida y que yo me las creí.

Siempre me denigraba a mí misma:

-Ah! Qué pendeja eres Inés! ... Qué pinche burra eres!

Y luego terminé criando a mis hijas de la misma forma: maltratándoles el cuerpo y también el alma; en algún momento dejé de golpearlas, pero el maltrato de palabras continuó. Verbalmente, cómo las madrié!

Seguían surgiendo cosas desde el fondo de mi conciencia, cosas que necesitaba sacar... confesar...

Al darme cuenta de todas mis acciones, le dije a Dios:

- Perdóname por todas las cosas que te he hecho...

Entonces, algo en mí cambió; sentí como si me dijera:

-Existen otros seres humanos con los que te puedes sincerar, enfrentarte a ti misma y liberarte...

No es bonito mirar tu pasado y ver un camino lleno de dolor y sufrimiento; no es fácil hablar de ti y de todas las veces que la regaste; sin embargo, es muy reconfortante buscar ayuda y encontrar explicaciones. Es así como logras observar tu vida con detenimiento, analizando cada paso que diste, cada memoria errónea que tienes de ti mismo; redescubrirte, reencontrarte, renacer espiritualmente...

Se puede sanar, se puede perdonar cuando se comprende el por qué y el cómo de las situaciones. No hay duda de que todo trabajo tiene su recompensa, y si deseas curar tus heridas, con ayuda y soporte lo puedes lograr.

La gran pregunta era: ¿Qué vas a hacer de ahora en adelante con el resto de tu vida?

Escuché una respuesta en mi interior:

-Dios te perdona Inés, pero depende de ti que tu vida siga blanca como la nieve, o que la vengas a madrear una y otra vez, como lo habías venido haciendo...

No había sido fácil resistir el derrumbamiento de mis propias fallas, pero había valido la pena, pues me había acercado al descubrimiento más importante: Yo podía decidir!

Ya no necesitaba que nadie me dijera qué hacer o qué creer: yo tenía el control remoto de la película de mi vida; la víctima estaba dando paso a una Inés diferente, dueña de su vida y de su destino, y decidida a encontrar la felicidad dentro de sí misma.

Como seres humanos, todos estamos sujetos a la incertidumbre, y aprender a aceptar esa realidad es el primer paso para descubrir un mundo completamente distinto; como lo explica la famosa reflexión del vaso con agua: nadie más que tú puede decidir si está medio lleno o medio vacío; la única diferencia es el punto de vista que decidas adoptar.

Yo decidí ver mi vaso medio lleno, y también entendí que podía llenarlo hasta rebozar. Al experimentar y ver mi cambio comprendí que mi alma necesitaba algo más que palabras bonitas y paños tibios; por eso me quedé en este grupo de apoyo durante los 6 meses siguientes. Sabía que había muchos demonios dentro de mí esperando ser exorcizados, y que para eso iba a necesitar una estructura fuerte que pudiera soportarme.

Pude darme cuenta de que realmente estaba enferma; que mis emociones me habían llevado a hacer cosas desastrosas con mi vida; yo misma había decidido sumergirme en mi sufrimiento, y desde ahí me sentía con derecho de lastimar a todos a mi alrededor.

Comencé a ver con pasmosa claridad cuánto daño había hecho...

-Ya chingué a este ser humano... madrié a este otro...

Sin embargo, nada se comparaba con el dolor de haberle hecho daño a mis hijos; yo no podía cambiar mi pasado, pero sí podía re-direccionar mi futuro. Estaba decidido: debía pedir perdón.

Dicen que cuando deseas algo de corazón y es bueno, sólo debes enfocarte en tu deseo, porque de los detalles se ocupa Dios.

Por esos días me llamaron desde México para decirme que uno de mis hermanos mayores estaba en el hospital y que había pedido hablar conmigo. Al escuchar su voz en el auricular, le dije:

-Carnal... perdóname por no ser la hermana que tú hubieses querido...

Su reacción inmediata fue ponerse a llorar, y a los días me enteré de que había fallecido; vivió en alcoholismo toda su vida; se enfermó, y aunque le diagnosticaron diabetes, nunca dejó de tomar.

Sentí una paz que hasta entonces no había experimentado, porque esta vez había ganado la batalla: logré pedir perdón a tiempo.

Mi hermano se murió por alcohólico; hoy entiendo que el alcoholismo es una enfermedad del alma; que las cosas que hemos visto o hemos hecho de niños son las que nos empujan al precipicio de la adicción; si no tomamos la responsabilidad de sanarlas con ayuda, jamás podremos avanzar al siguiente plano de una vida en paz.

Muchas veces nos sentimos ofendidos y echamos culpas a los demás, sin darnos cuenta de que no son responsables en un 100 % de lo que nos hicieron en su momento; no sabemos lo que ellos vivieron, no sabemos si a ellos también los abusaron; no sabemos lo que ellos sufrieron.

Por eso, a ti te toca pedir perdón, no por ellos, si no por ti; descubrir eso me liberó; pude sentir que Dios entró en mí y me repuso ese corazón roto y quebrantado que yo traía.

Yo me había puesto una coraza para no sufrir, pero había dejado de sentir también el dolor de los demás, y las consecuencias de mis acciones me valían madre; gracias a eso pude andar por la vida durante tantos años atropellando a las personas sin inmutarme, porque me sentía con derecho, me sentía la más madreada, la más pobrecita; como si el mundo entero estuviera en deuda conmigo.

Menos mal que Dios me encontró para darme una nueva oportunidad; ahora puedo sentir empatía, ponerme en el lugar de las personas y comprender su dolor, percibir su alma y controlar mis impulsos para no causar más sufrimiento. Todos somos herederos de la cadena de maltrato que ha ido pasando de generación en generación, pero tenemos la responsabilidad de romperla para dar paso a una nueva humanidad.

Eso de que el amor está dentro de nosotros es una gran verdad; yo lo puedo confirmar porque lo he vivido; es la prueba real y contundente de que todos tenemos dentro una semilla de divinidad.

El amor al prójimo sólo es posible si me pongo en los zapatos del otro y miro la vida desde su punto de vista, pero sin perder el mío; ya no necesito estar en guerra con el mundo, porque tengo herramientas de comprensión y de comunicación.

Cuando sientas que te cuesta mucho perdonar, enfócate en esta revelación: todos tenemos el mismo potencial espiritual de nuestro Padre Dios, y si Él nos ha perdonado, con más razón debemos nosotros perdonar, pero no de la boca para afuera, sino con toda la sinceridad de nuestro corazón.

Perdonar es un acto de magia que transmuta la energía negativa en una onda expansiva positiva que beneficia a toda la humanidad.

Perdonar es un acto de responsabilidad, porque es la clave para detener y romper el círculo de violencia: una persona que dice haber perdonado, pero que internamente sigue experimentado rabia y frustración, tarde o temprano va a comenzar a reproducir lo que se supone que ha perdonado, porque aún no logra encontrar la paz de su corazón.

En cambio, el que perdona de verdad recupera su propia armonía, y de esa manera contribuye a fortalecer el equilibrio universal.

El verdadero perdón comienza dentro de ti; es como un nudo que se desata y te libera interiormente, permitiéndote fluir en libertad.

Quizás tenga que pasar mucho tiempo antes de que logremos establecer una sociedad de la tolerancia y del perdón, pero para ello es necesario que comencemos a sembrar en este momento las semillas adecuadas; somos libres de contemplar un mundo a punto de autodestruirse o en proceso de redimirse, pero en cualquier caso, tenemos que asumir acciones responsablemente.

A pesar de tener el privilegio de poseer la capacidad de raciocinio, el ser humano no ha logrado hasta ahora encontrar la clave de su conexión con el universo que le rodea, sino que por el contrario se ha enfocado en explotarlo para su propio beneficio. Ninguna otra especie de la naturaleza es capaz de atentar contra su entorno de la forma en que lo hace el hombre en nombre del progreso, de la ciencia y hasta de la misma humanidad. ¿Hasta cuándo vamos a permitir que nuestros pensamientos, nuestras palabras y nuestras acciones vayan en sentidos opuestos?

Dios nos ha hecho a su imagen y semejanza para que continuemos la obra de La Creación, pero al mismo tiempo sembró en nosotros el anhelo de trascendencia que nos lleva a buscar un propósito más allá de nosotros mismos; nuestra existencia parece ser un recordatorio constante de nuestra propia fragilidad. Sin embargo, en eso radica precisamente nuestra posibilidad de redención, pues si no tuviéramos la posibilidad de morir, ¿cuál sería el sentido de apreciar la vida?

La avidez de los seres humanos se ha convertido en el germen de nuestra propia destrucción; sólo desde ese deseo incontrolado es posible justificar la forma irracional en que nos comportamos con el mundo, como si fuéramos sus propietarios o sus únicos habitantes.

Me impresiona ver cómo buscamos miles de pretextos para evadirnos a nosotros mismos, y no solamente como individuos, sino incluso como cultura. No somos capaces de preservar la vida en nuestro propio planeta, pero dedicamos enormes esfuerzos a la conquista de otros universos; la ciencia está en la búsqueda de la inmortalidad, cuando ni siquiera sabemos qué hacer con el tiempo de vida que aún tenemos...

Ha llegado el momento de que la semilla de divinidad que habita en cada ser humano comience a germinar, pero para que eso ocurra se necesita un giro en la conciencia; hasta ahora hemos creído que la razón es lo que nos convierte en humanos, pero yo creo que el verdadero sentido de nuestra humanidad reside en el amor.

La razón sin amor nos ha conducido al callejón sin salida en el que no encontramos como civilización, pero estoy convencida de que encontraremos la salida cuando permitamos que el amor tome el control.

14

Tu aceptación
te hará libre...

Si fuéramos perfectos, la vida sería muy aburrida... Lo más hermoso del ser humano es precisamente su imperfección; eso lo convierte en un proyecto en constante evolución.

Descubrir que no todo estaba perdido, que yo podía rehacer mi vida cuantas veces fuera necesario, me abrió un mundo de posibilidades, y sobre todo me devolvió la paz interior.

Hacía ya varios meses que estaba asistiendo a los talleres de superación personal; desde el inicio de mi transitar por este camino me comprometí a poner todo de mi parte: tenía que leer y hacer diferentes actividades para cambiar los malos hábitos que venía arrastrando por años. El facilitador se esmeraba en mantenernos ocupados trabajando con nuestra mente, cambiando pequeñas cosas simples en nuestro diario vivir. Parecía que adivinaba justamente lo que estábamos necesitando.

Un día nos presentó una dinámica diferente: teníamos que escribir el nombre de aquellos a quienes extrañábamos o que nos hubieran hecho falta en nuestra vida. Por un momento vacilé, pero entonces llegaron a mi mente los nombres de mi madre y de mi padre...

Mientras yo escribía sus nombres, mi mente divagaba... Recordé la falta y el vacío que sentía desde que se fueron de este mundo; tal vez si mamá no hubiera muerto, yo hubiera tenido a alguien que me orientara mejor... Quizás si papá no se hubiera ido, yo no estaría aquí en USA...

Nos indicaron introducir los nombres en medio de los eslabones de una cadena que lucía muy larga y pesada. Obedecí por inercia e inmediatamente me alejé; entonces escuché que me llamaban:

-Inés, acércate...

Al darme vuelta, vi a mi coach con la cadena en las manos.

-Ven...- me indicó.

Algo dentro de mí se resistía; sin embargo, caminé hacia él, y entonces vi cómo me colocaba esa cadena en mis hombros y la amarraba a mis pies; luego me indicó que debía caminar con ella por un rato, teniendo mucho cuidado de que los nombres escritos no se salieran de los eslabones. Obedecí; comencé mi recorrido tratando de hacerme la fuerte, pero a medida que pasaba el tiempo comencé a sentirme fatigada por el peso de la carga que estaba soportando; entonces pude escuchar como un susurro en mi mente:

-Así los has traído, arrastrando su recuerdo por años; los has añorado, los has llorado, los has culpado de tus desdichas... Inés, ¿cuándo vas a dejarlos descansar?

Seguí caminando; mis pasos se hicieron cada vez más lentos, hasta que sentí que no podía más y solté la cadena; entonces me quedé pensativa contemplando mi verdad:

Ellos ya no estaban aquí, y yo los había arrastrado con mi sufrimiento por su ausencia, cargando sus recuerdos encadenados a mí durante años... Era increíble cómo en algo tan simple yo había podido verme reflejada!

Nunca hubiera pensado que mi inconciencia de niña sumergida en un sufrimiento imaginario no estaba dejando descansar a mis padres;

Descubrí que haber sufrido la falta del amor de mi madre a tan corta edad me había marcado durante toda mi vida; la amé y la extrañé. Mi padre formó parte de mi mundo, y también lo extrañaba, pero yo había vivido junto a él por más tiempo; no era el mismo sentimiento.

Pude darme cuenta de cómo yo, un ser humano en pequeño, me había quedado perdida en el tiempo y en el espacio, atrapada en ese sufrimiento por años; sin proponérmelo, había encontrado una parte de mí que me faltaba: la aceptación de una partida necesaria.

Mi madre no se fue porque hubiera querido dejarme sola; ella falleció debido al cáncer que padecía, y ahora después de tantos años por fin podía verlo con claridad. Tenía que dejarla fluir, y también a mi padre, fallecido por diabetes unos años después.

Ambos están juntos en otro plano, más allá de mí, en la plenitud de un mundo nuevo, y yo tenía que dejar ir el recuerdo de vacío, abandono y soledad; por fin rompería esa cadena de desamor y pondría en paz a mis seres amados: mis padres.

Romper una cadena no es sencillo; se necesita la fuerza correcta para hacerlo, así que tomé una decisión: rompería esa cadena de amor, por amor...

Durante mucho tiempo yo me creí un caso perdido; a veces lloraba a escondidas por mi vida despilfarrada, por la felicidad que nunca llegó, por mis sueños rotos...

Y ahora de pronto me encuentro con que puedo comenzar una nueva vida cada día, porque yo soy la única responsable de mi felicidad... Es como nacer de nuevo!

A veces pienso cómo hubiera sido mi vida si hubiera conocido antes todo este universo de la transformación personal; sin embargo, estoy convencida de que todo pasa porque tiene que pasar, en el momento y en el lugar perfectos, así que la única respuesta posible es: No podía conocerlo antes, porque no hubiera comprendido su valor.

Tuve que estallar en mil pedazos para reconocer que necesitaba reencontrarme, retomar el sentido de mi vida, y que ya no quería pelear más.

Aún dentro de sus límites, las posibilidades del ser humano son infinitas, y en eso consiste nuestra herencia de divinidad: no se trata de volvernos como Dios, sino de ponernos a su servicio para que siga realizando su obra.

No tengo palabras para explicar el alivio que sintió mi alma cuando descubrí que yo no era un monstruo, que yo no era un problema; que no era más que un ser humano normal buscando lo mismo que todos los demás: cobijo, soporte, afinidad... amor.

Durante toda mi vida estuve escuchando reproches de los demás, y hasta de mí misma, por ser como soy, por ser quien soy; ahora comprendo que mi autenticidad es mi mayor tesoro, es lo que me hace única y es lo que me ha mantenido libre a pesar del dolor, porque al menos sabía que lo estaba padeciendo, y que no lo quería para mí.

Antes me criticaban porque me aguantaba un matrimonio sin sentido, pero luego me señalaron porque decidí abrirme y vivir mis propias búsquedas; sin embargo, en ambos casos yo decidí seguir a mi corazón y hacer lo que consideré más adecuado.

Sé que mis hijos no me recordarán como una mujer conformista, ni mucho menos frustrada; mi legado para ellos es haberles demostrado que no importan las circunstancias: siempre podemos decidir de qué lado queremos estar.

Las mujeres nos merecemos un reconocimiento universal, porque soportamos presiones que resultan inimaginables para los hombres; sinceramente creo que debemos cambiar nuestra forma de pensar, y de esa manera contribuir a sanar a la sociedad: mujeres felices y equilibradas tendrán hijos felices y equilibrados, y sustentarán hogares felices y equilibrados en países felices y equilibrados...

No es que me haya convertido en una persona diferente, sino que ahora no me reprocho por ser yo; he llegado a descubrir mi propio valor, y por lo tanto no me siento vacía, ni tampoco necesito defenderme del mundo, porque he comprendido que el mundo no está contra mí.

Hoy sé que todo lo que tanto lamentaba de mi vida es justamente lo más valioso que ella me había podido brindar:

cada error, cada equivocación, cada desmadre, fueron sumando elementos a este guion.

En la mayoría de los talleres a los que he asistido he escuchado con frecuencia que debemos "reinventarnos"; sin embargo, mi experiencia va en otra dirección: yo he tenido que "reencontrarme", como el Patito Feo del cuento, que un buen día descubrió que en realidad era un grandioso cisne.

Nadie sabe por qué le corresponde vivir lo que le toca: la familia en la que nace, los talentos que trae, sus éxitos o sus fracasos... Para mí, son justamente las pruebas que debemos superar antes de pasar al siguiente nivel en nuestro crecimiento espiritual; cada persona, cada vivencia, cada situación, cada relación, nos están entregando una enseñanza que nos ayudará a evolucionar.

Como mujeres, tenemos una gran responsabilidad ante la humanidad, pero también soportamos cargas muy pesadas de las que debemos liberarnos: la presión de la perfección, la presión de la complacencia, la presión de la sumisión, la presión de la soledad, la presión de la vejez, la presión del qué dirán...

Debajo de todas esas presiones, estás tú... Está tu ser, esperando poder salir. Hablamos mucho de feminismo, pero lo que hemos hecho es sustituir un yugo por otro; en lugar de ser los hombres los que nos dominan, ahora somos nosotras mismas queriendo auto - imponernos normas y pautas de lo que es (o no es) ser mujer.

El mejor camino es el camino del medio; en él siempre podrás escuchar a tu corazón y mantenerte fiel a tu esencia, mientras contemplas el paisaje.

La búsqueda del ser es interminable; es un continuo aprendizaje, y lo más curioso es que tengamos que recorrer un camino tan largo para llegar al fondo de nosotros mismos.

Muchas veces, por estar buscando eso que no hemos perdido, olvidamos que la felicidad es vivir el momento; poder sentir, respirar, agradecer, amar ...

Ese poder es tuyo, y no depende de nada ni de nadie; sólo de tu voluntad. Es por eso que todos los programas de superación y crecimiento personal nos insisten hasta el cansancio en que el poder está en todos y cada uno de nosotros.

Es simple: el sufrimiento y la felicidad no son más que una decisión.

Encontrarte a ti misma es fácil; sólo debes aceptar tu vida tal y como ha sido, y asumir tu responsabilidad en ese proceso, sin echar culpas, sin victimizarte, incluso sin compararte con nadie, porque cada quien tiene el programa que le corresponde para avanzar en su desarrollo espiritual.

Desde los padres que tienes, los hermanos y tu familia en general, hasta tus vecinos, tus amigos, tus maestros, tus enemigos, tus mascotas... Todas las interacciones que surgen en tu vida son justamente las que necesitas para recibir las lecciones que te corresponden.

Esto no ha sido fácil de asimilar para mí, y mucho menos después de las vivencias tan dolorosas que me acompañaron a lo largo de mi vida, llenas de maltratos, carencias y dolor; sin embargo, esta es mi convicción después de haber estudiado las interpretaciones de la realidad que hacen muchos maestros en el campo de la conciencia.

He tenido que tragarme mi orgullo y reconocer que todos los seres de mi vida son mis maestros; incluso los he reconocido y los he honrado simbólicamente, dándoles las gracias por haber contribuido con mi evolución espiritual.

Tuve que desmontar una identidad basada en la autocompasión; me di cuenta de que yo no era esa persona que creía ser; no era esa víctima a la que todos querían lastimar. Como todo ser humano, he sufrido; como todo ser humano he tenido carencias que, en parte, han sido el producto de mis malas acciones, de mis malas actitudes y de las malas decisiones que he tomado, por dejar mi vida en manos de los demás, por no atreverme a decir *NO*, por miedo a que me rechazaran, a que no me quisieran.

En este momento de mi vida estoy dispuesta a pagar el precio de mi autenticidad; aunque me cueste rechazo, aunque me cueste dolor, aunque me cueste soledad...

Todo pasa, y si algo he podido comprobar muy bien es que de amor nadie se muere.

Hoy en día he aprendido a respetar mis creencias; creo en Dios, creo en un Ser Superior más grande que nosotros, que ha creado este Universo y todos los demás.

De niña crecí entre malas palabras, de *hija de tu pinche madre* y *chinga tu madre* para arriba; ya de adulta hubo un momento en el que intenté ponerme una máscara para complacer a los demás: cambié mi vocabulario, me puse saco y maquillaje, me arreglé el cabello, me puse tacones ...

Al final, lo que vi en el espejo no me gustó, pues sentí que no era yo, y entonces decidí regresar a mi aspecto original; sin embargo, en cuanto a mi vida emocional, si realicé cambios profundos y sustanciales.

Darme cuenta de cómo había sido mi vida no fue bonito; dolió mucho mirar esas fallas que uno ha tenido como ser humano; ver cómo la ira te ha cambiado la vida en un segundo, cómo el orgullo te convirtió en una persona amargada y vengativa; ese es un entendimiento que no se puede lograr a menos que te metas bien adentro de ti; mis coaches lo llamaban: "echarse un clavado al interior de sí mismo", sólo que en esas profundidades nadie sabe lo que se puede encontrar, y por eso es mejor buscar ayuda, estar cerca de los que saben cómo guiarnos de vuelta a la salida.

No hay conocimiento más urgente y necesario, y al mismo tiempo difícil y enigmático, que el de nuestro propio interior.

Hay mucha gente como tú y como yo, viviendo sin sentido y queriendo cambiar; sin embargo, eso es algo que cada persona debe experimentar por sí misma para que pueda funcionar, porque cuando las cosas se pongan difíciles, cuando las heridas abiertas comiencen a doler para sanar, sólo el deseo de cambiar puede ayudarlas a soportar.

He asistido a muchos talleres transformacionales en los que las personas se mueven por el dinero, la fama, el éxito y el reconocimiento... Todos preguntan:

¿Por qué no he sido chingón? ¿Por qué no soy millonario? ¿Qué tengo que hacer para volverme rico y famoso?...

Salimos de esos eventos y ya nos vemos con dinero, y eso no está mal, pero no es lo único importante: para poder avanzar debes descubrir lo que te atora, y sacarlo.

He vivido experiencias muy intensas con este grupo de auto-ayuda; aprendí a reconocer que mis miedos eran muchos, a ver mi enfermedad como es: adicción emocional; entender que existen seres como yo en busca de ayuda necesaria y urgente. Aprendí a identificar cuáles son los 7 Pecados Capitales: la Gula, la Ira, el Orgullo, la Envidia, la Lujuria, la Avaricia y la Pereza... La iglesia nos enseña que son la fuente de todo mal y pecado; para mí no son más que unos demonios que nos atrapan y nos empujan a hacer un sinfín de pendejadas.

Yo sé lo que es estar emputada y dejarse llevar por la ira, pero entendí que si le doy vida a esa emoción, voy a empeorar las cosas en vez de acomodarlas.

Si dejo que la ira me domine, estoy dejando que mi mente haga conmigo lo que quiera, pero si aprendo a manejar esa emoción, a calmarla y a quitarle ese poder con una simple respiración, descubro que yo me puedo tranquilizar, tener tolerancia y reconocer que ese otro ser humano sólo está buscando un poquito de amor.

Aprendí a manejar mi mente con dinámicas que yo misma creé para auto-sanarme; tuve que re-dirigir mi mente, crear patrones nuevos en mi INCONCIENTE.

Pienso en tantas personas que quieren y necesitan sentir esa libertad, pero no saben cómo, no encuentran cómo… O no buscan las opciones.

Si alguien está pasando por un momento difícil, le sugiero que busque algún grupo de auto-ayuda; hoy sé que es la mejor alternativa que existe para sanar cualquier enfermedad emocional. Sí hay ayuda; sí hay lugares; sí existe la libertad de aprender por ti mismo; sólo hace falta tomar una simple decisión y hacerlo. Busca ayuda!

He recorrido muchos caminos en mi vida: en mi niñez caminé descalza por los cerros, entre piedras, tierra y lodo... En mi adolescencia lo hice por caminos formados, cuando comenzaron a pavimentar las calles de la colonia, y ya en mi etapa de adulta conocí las grandes carreteras y autopistas fuera de mi país.

En este país me redescubrí; comencé a amar, aprendí que no importa qué tan largo sea mi camino, pues la libertad de saber que soy quien conduce mi historia y decido mi destino, es lo más importante...

Debemos enfocarnos en hacer realidad nuestra misión en este mundo; hacer este viaje en Primera Clase, con todo lo mejor que la vida nos pueda ofrecer... Vivir!

II

Reflexiones
para recordar…

❖ Acepta tu vida, acepta quién eres; no hay culpables, sólo responsables. La aceptación debe venir desde el fondo de tu corazón.

❖ Reconoce e identifica las barreras que has venido arrastrando; quizás tuviste una niñez herida, una niñez humillada, una niñez maltratada. Reconocer dónde fue que te perdiste es fundamental; si no encuentras ese momento de tu vida, el evento o la situación que te llevó a estar así, no encontrarás nunca un rescate. Ya no está mamá, ya no está papá… ¿Quién te va a defender? Solamente tú puedes reencontrar a ese niño, reconciliarte con él, limpiarlo y bañarlo, abrazarlo y perdonarlo.

❖ Aprende a vivir y ser agradecido. Da las gracias por estar sano, por estar vivo, por tener la oportunidad de otro día. En las mañanas, siempre pongo una canción motivacional, que me eleve el espíritu; también pueden ser alabanzas, himnos, oraciones... Cualquier cosa que me reconforte.

❖ Cuida de ti; no solamente por dentro sino también por fuera: ejercítate, camina, come sano, ríete, come un helado, ve al cine... Date momentos para ti. Cada vez que me baño me digo a mí misma:

-*Inesita, te voy a bañar, te voy a cuidar...*

❖ Aprende a conocer tus emociones: cuando estas contento, feliz, enojado, cuando tienes ganas de vomitar, de llorar... Identifica cómo te sientes hoy: triste, alegre... Descubre qué es lo que te da la alegría, qué es lo que te da tristeza, por qué te sientes con ese enojo, qué te hizo molestar...Debes aprender a sentir esa emoción, y transformarla; dejarla ir. Como dicen en los talleres transformacionales, *"Transmútala... Suéltala... Fluye, como el agua en el río...*

❖ El amor se demuestra con hechos, y no con palabras. El amor no es usarte, darte las migajas de afecto que tu corazón inseguro cree necesitar. El amor es pleno, abundante y generoso; es lo único que más crece mientras más se da.

❖ Ve a un grupo de apoyo; ellos te darán una preparación diaria, tratarán temas diferentes para que puedas empezar a entender tu enfermedad, entender de dónde viene tu alcoholismo, tu drogadicción, tu neurosis, por qué te sientes frustrado, por qué tienes ansiedades, por qué comes demasiado... Allí encontrarás a otros seres humanos igual que tú, que te van a ayudar a soltar todas esas cosas que vienes cargando hasta el día de hoy, pues ellos ya han vivido esas experiencias, saben lo que se siente y tienen herramientas para ayudarte a salir de ahí. Te garantizo que podrás ahorrarte de 10 a 15 años de sufrimiento.

❖ Solamente tú tienes el poder de re-programarte, y eso se logra mediante la repetición. La imagen que nos formamos de las cosas y de nosotros mismos tiene mucho que ver con todo lo que escuchamos a nuestro alrededor. Una cosa es lo que vemos, pero nuestros juicios y categorías se forman al escuchar las opiniones de los demás. Si deseas cambiar tu mundo, simplemente cambia tus palabras; no sólo las que pronuncias, sino sobre todo, las que piensas y te dices a ti mismo.

❖ Haz tu presupuesto! Vive con el 50% de lo que ganas; 20% ponlo en tus inversiones o en una cuenta, 10% a Dios y 10% a tus semejantes. No olvides lo más importante: págate a ti mismo. Reserva el 10% para ti; esa será la clave de todo tu éxito. El triunfo financiero que deseas y que todos buscamos está asociado en primer lugar con DIOS. Ponlo a Él de primero en todo, encuéntrate a ti mismo y después organiza tu vida; antes de eso no hay nada.

www.ingramcontent.com/pod-product-compliance
Lightning Source LLC
Chambersburg PA
CBHW060016100426
42740CB00010B/1504